早稲田アカデミー教務顧問／IBS主宰
松井義明

楽しい「子ども英語」はなぜ身に付かないの？

英検®　多読　読み聞かせ

コツをつかんで、おうちでチャレンジ

うちの子の英語、これでいいのかな。

小さいころからやっているのに
英語が身に付かない。

どうしてだろうか。

それなのに
中学入試に「英語の試験」が入る!?

英語が入試科目に入る前にできることがあります。

「小学生の英語多読」の実践です。

ちゃんと英語を読める子は、

英語を聞けるし、書けるし、話せる。

小学生こそ「英語の多読」で勉強しましょう。

この本は、特に次のような疑問を
おもちの方のお役に立てればと思っています。

1

「英語」を習わせ始めて
みたけれど、
「遊びながら英語を学ぶ」
のは効果があるの？

2

「英語の読書・多読」を
楽しませたいけど、
何から始めたらいいの？

3

「英語を日本語に変換する」
学習法に疑問を感じている。
「英語は英語で学ばせたい」と思うが、
親が英語を話せないのにできるのか？

4

「英検®」を受験
させてみたいけど、
何をどこまでやればいいの？

5

中学入試の試験科目に
「英語」がある学校を
受けさせたいけれど…。

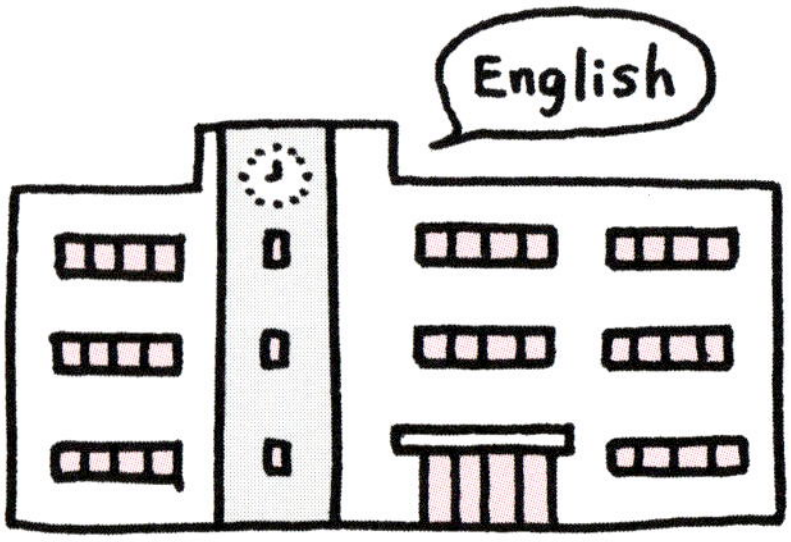

・英検は®公益財団法人日本英語検定協会の登録商標です。
・このコンテンツは、公益財団法人日本英語検定協会の承認や推奨、
その他検討を うけたものではありません

6

英語は「受験」と切り離して
考えたい。
将来に役立つ英語に向けて
今をどう過ごせばいい？

お子さんを「英語の多読」で学ばせた方たちの声

外資系に勤務していますが、わたし自身は英語ができなくて、職場で苦労しています。自分みたいにならないようにと、小さいころから近所のスクールで英語を習わせてきましたが、「このままでいいんだろうか」と疑問ばかりでした。**読書中心の英語学習に切り替えてからは、親も子も「手応え」を感じてます。**「こんなにできるようになるのか。今までの英語学習はなんだったんだ」と、たいへん驚いてます。

——お父さん（外資系メーカー勤務）

大学で言語学を教えています。リテラシーの育成は大事ですよね。英語に慣れるだけでは使えるようになりません。**「ちゃんと本が読める子は、聞けるし、書けるし、話せる」というお話は納得がいきます。**

——お父さん（大学教授）

自分自身は、（先生がやっちゃダメとおっしゃる）「日英変換型」で勉強してきました。この勉強法がゲームみたいで結構好きで、それなりにやったため、中高大と英語の成績はよかったのです…が、英語はまったく話せません。**どうして自分が話せないのかがよくわかりました。**

——お母さん（公務員）

自分自身が子どもに教えて英検®3級を取らせましたが、この後はどうしたらいいのだろうと途方にくれていました。「英検®」は仮の目標であって、**本当の目標は「よろこんで英語の本が読めるようになること」**と伺って、気が楽になり、視界が広がった思いです。

——お母さん（主婦）

アメリカの大学院に留学したときに膨大なリーディングアサインメント（教科書の事前の読み込み）と格闘しました。**来る日も来る日も読書三昧。その中で英語の実力がついてきたと断言できます。**「英語の読書」大事ですよね。留学前のTOEFL® や GMAT® のテスト勉強はあまり役に立ちませんでした。

——お父さん（自営業）

英語の論文を読む日々です。英語がもっと早くたくさん読めるようになればと切実に思っています。海外での学会での発表、特に質疑応答は苦痛でなりません。**「日英変換」の勉強では間に合いませんよね。「英語は英語で」に同感しています。**

——お父さん（医師）

英語の学び方を、変えましょう

日本では、現在、英語教育についてさまざまな議論がなされています。大学入試も変わる、中学や高校での英語の授業も変わる、そして中学入試においても「英語」を導入する学校が年ごとに増えています。

しかし、「何かを変えなければ」とは思うものの、「何を」変えるのか、「どう」変えるのか、「誰が」変えるのか、「なぜ」変えるのか、そうしたコンセンサスがない中で、それぞれが無我夢中でとにかく走っている、そんな現状でしょうか。

中学入試で言えば、従来のような「英検®4級程度あれば優遇しますよ」といったものより、「2級以上」とかなり高めな設定の学校も増えてきて、そんなニュースを聞けば聞くほど、乗り遅れないかと不安になります。

というのも2級と言えば、「高校修了で大学入試センター・レベル」とされ合格率も25％程度。

「高校生がしているような勉強を小学生がやらなくてはいけないのか…」

「そんなのウチの子には無理だわ…（苦笑）」

いえ、ほんとうに、そうでしょうか。

確かに大変な時代です。
困った時代かもしれません。

ですが、むしろチャンス到来とも言えるのです。

われわれ親の世代が中高生のときにやっていた英文読解など訳読中心の英語学習を、
自分の子どもにさせる必要はないのです。

親の世代とは違う新しい方法で、
より実りある成果を求めて、
英語学習を始めるのはいかがでしょう。

二〇一二年春に、小学生を対象に、早稲田アカデミーＩＢＳ※を開講して６年が経ちました。

座席数は40ほどの小さな教室ですが、この６年間で英検®１級に15名が合格（最年少は小３）、準１級には53名（最年少は年長児）、「高校卒業レベル」の２級にいたっては１８３名（最年少は年中児）といった結果が出ています。

「これまでのやり方」を変えてみた成果です。

ささやかではありますが、わたしの教室での取り組みをもとにまとめたのが本書です。

この本が、どうか、
未来にはばたく使命いっぱいの子どもたち、
そのお父さん、お母さんの
お役に立ちますように。

※「早稲田アカデミーＩＢＳ」は進学塾早稲田アカデミーが開設した英語専門教室。
〝ＩＢＳ〟はIntegrated Bilingual Schoolの略。

楽しい「子ども英語」はなぜ身に付かないの？ ● 目次

CHAPTER 1

子ども時代の英語は身に付かない？

CHAPTER 2

もっとたくさん読む力をつけるために

CHAPTER 3

「英語の読書ができるようになる」三段階学習法

CHAPTER 4

【特別授業】英語脳が育つ英検®の受け方

CHAPTER 5

「英語教育のパラダイムシフト」を目指して
――早稲田アカデミーの挑戦

企画・編集 株式会社創造社(笠原仁子)
執筆協力 佐藤淳子
編集協力 須藤晶子
装 丁 tobufune(小口翔平・喜來詩織)
コミック・イラスト 坂木浩子
本文デザイン・DTP matt's work(松好那名)

CHAPTER 1

子ども時代の英語は身に付かない？

In the book of life,
the answers are not in the back!
—— Charles M.Schulz

「人生」という本の中には、「正解」が、
後ろのほうに書いてあるわけじゃないんだよ。
チャールズ・M・シュルツ

「きれいさっぱり英語を忘れてしまう子」の不思議

お子さんを英会話教室に通わせている方にとって、もしかするとショックなことをお伝えしなくてはいけません。

幼少期の英語学習は、何も残らないことが多いのです。

「そんなことは知ってるわ」

「でも、まわりの皆さんも、スイミングと英語は習わせていることが多いから、やらせないわけにもいかない…」

「別に、今すぐどうにかならなくても、そのうち役に立ってくれれば、親しんでくれれば、慣れてくれれば…」

と、そんな思いの方も少なくないのではないでしょうか。

英会話教室には楽しんで通っていたが、実力がついているとは思えない。「まぁ、こんなもんかな」と続けてはみたけれど飽きてしまい、やめてしまう。結局、残ったのは思い出だけ…。

どうせ英語を学ぶなら、真剣に将来に意味のある英語力をつけてあげませんか。

子ども時代に学んだ英語がその後の学習になぜ結びつかないのか。それを次の3つの視点で考えてみました。

視点その1 英語を忘れない子に共通している点がある

「子ども時代の英語が定着しない」のは、何も、英語塾や英会話教室の教え方がよくないから、ということではありません。というのも、帰国子女も同じように英語が定着しない場合が多いからです。

もちろん、一般的に高校生くらいで帰国した子は、長期にわたり英語力が維持されます。高校時代に帰国し、流暢に日英両語を話し、有名大学に進学するバイリンガル帰国子女のイメージは容易に想像できると思います。

いっぽう、同じ「帰国子女」といっても、幼稚園児くらいで帰国した場合はどうでしょう。こちらは、あっという間に英語を忘れてしまうものです。「アメリカの幼稚園で、あれだけペラペラ話し、リーダー的存在だった子がたった2か月で…」と親が驚くほど、見事に、そして急速に英語を忘れます。そんな話を先輩ママから聞いている親御さんは、なんとか英語を「維持」させようと努力されるわけですが、現実はなかなか厳しいものです。

しかし、**小さいころに帰国しても、英語力を「維持」どころか、さらに「発達」させる子が、少数ですが存在します**。試しに、そうした子たちを集めて観察すると共通点があることがすぐわかるはずです。それは**彼らが例外なく「読書好き」であり、大量の読書をしているということなのです**。

「読書好き」と「帰国後の英語力」にどのような関係があるのでしょう。

視点その2 文字をもつ言語と文字をもたない言語がある

地球上には、約7000の言語があると言われていますが、その中で「文字をもつ言語」は、800あまりとされています。1割強でしかありません。つまり世の中に存在するほとんどの言語は、文字をもたない「音声だけの言語」なのです。

確かに「音声」さえあれば、コミュニケーションははじまります。動物でも音声によってコミュニケーションします。目の前にいる相手に対して気持ちを伝えることはできるでしょう。

いっぽうで音声によるコミュニケーションには限界があります。それは2つのもの――つまり「空間」と「時間」が重なったときにのみ成立するものだからです。たとえ、どんなに大きな声を出しても、その声は遠くに届きません。また、どんなによいアイデアを思いついても、どんなに大きな声を出しても、100年後の子孫に伝えることはできません。音声によるコミュニケーションは「空間」と「時間」という壁を乗り越えることはできないからです。

しかし、われわれの祖先たちはこの壁に挑戦し、「文字」を生み出したのです。その結果、空間と時間を飛び越えて、「今ここ」にいない相手にも、思いを伝えることができるようになったのです。

文字を創造し、普及させることは、容易なことではありません。7000の言語のうち、わずか1割強の言語しか文字をもたないことからもその困難さがうかがえます。人間が、音声によるコミュニケーションを始めたのが5万年前であるのに対し、文字を発明したのはわずか数千年前。つまり、4万数千年もの年月を経たのちにようやく文字を作り出したのです。

別の見方をすれば、それだけ多くの月日をかけて作り上げてきた文字を、現代に生きる子どもたちは、生まれてからわずか数年でマスターすることを求められるわけです。これを「大変だな」と言ってしまえばそれまでですが、壮大な人類史に、わが子が挑戦しているととらえれば、彼らの一瞬一瞬が、何年、何百年にも相当し、なんともロマンあふれるものにも思えませんか。

視点その3 ある時点で読む力は聞く力を大きく超える

さて、最後の視点は発達の過程です。

人間はこの世に生まれ落ちると、まず「聞く力」、つまりリスニング力が発達します。生まれたての赤ちゃんは、目はまだ見えません。しかし耳は全力をあげて働いています。「今までおなかの中で、ずっと聞いてきた、あの優しい声の持ち主はどこ!?」。「自分の命を守ってくれる、あの人はどこ?」。「いろんな音や声が聞こえる。嫌な音も聞こえるけど…お母さんはどこ!?」。

命がけの戦いです。

この段階でリーディング力は不要です。赤ちゃんが「ママ」と呼ぶのに、「ママ」という文字を10回音読する必要はありませんよね。

▶ 音声情報と文字情報の発達イメージ

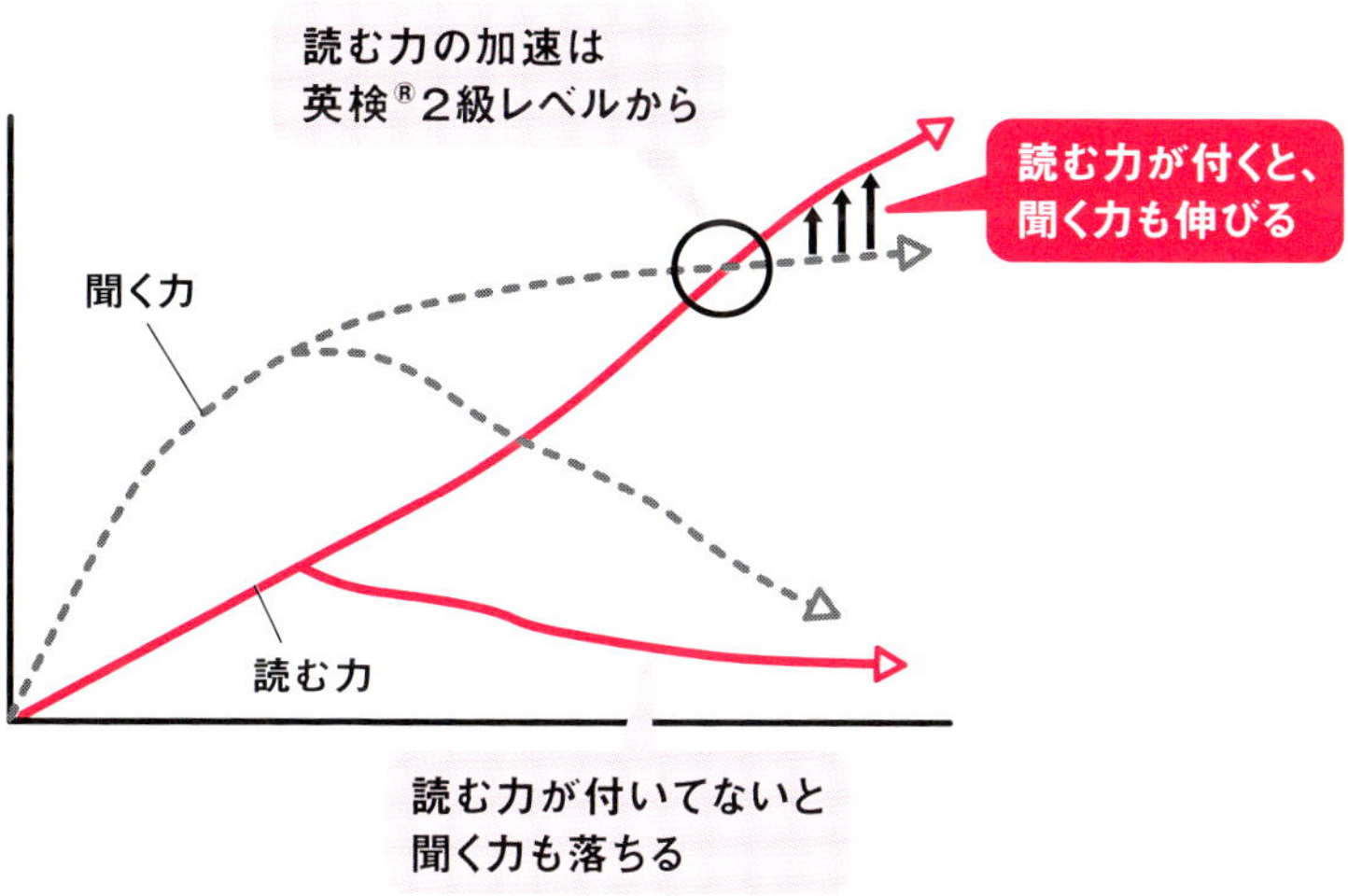

しかし、勢いよく伸びていくこのリスニング力も、永久に右肩上がりではありません。ある程度の時点から、カーブは緩やかになっていきます。

いっぽう、文字を読み取る力、リーディング力は、最初こそ緩やかに発達しますが、一定の段階から急上昇し、最終的には情報収集においてリスニング能力を超えていきます。この関係について、次ページから2つのケースで説明します。

【Case A】

目から「文字で入ってくる」情報量に注目

アメリカの大学では、ゲストスピーカーを招き、講演してもらうことがしばしばあります。

ある日、学界の大権威二人が大学院の授業のゲストスピーカーとして登壇しました。それぞれ10分間の講演が予定されています。

学界きっての早口で有名なA先生はその日も絶好調。アグレッシブに持ち時間いっぱい、熱く語り、受講生も必死にメモを取ります。

次のB先生。実にゆっくり語ることで有名。しかし講演の冒頭で、「今日伝えたいこと」と題された１００ページの資料を配り、「全員、５分間でこの資料を読みなさい」と言います。受講生が必死で読み終えると、残りの数分間、悠然とコメントされました。

さて、この10分間により多くの情報を伝えたのはどちらでしょう。明らかにB先生です。A先生がいくら早口でも、音声情報の伝達量には限界があり、文字で伝えられる情報量にはかないません。耳から「音声」として入ってくる情報と、目から「文字」で入ってくる情報量を比べると、後者が圧倒的に多いのです。

【Case B】

ただただ聞くだけで十分だろうか

夏目漱石の『吾輩は猫である』をいただきました。有名なアナウンサーの朗読CD付きです。早速、CDを聞きながら読み始めましたが…あらいやだ、いつのまにか寝てしまった…。もう一度と挑戦しますが、どうしたのか今度はイライラしてきました。アナウンサーの朗読にはなんの問題もないのだけど。

さて、このようなケース。よくありそうです。しかしわたしなら、最初ちょっとだけCDを聞いたら、そのままケースへ戻してしまいます。なぜなら「本は自分のペースで読みたい」からです。

一口に「読書」と言っても、同じペースではありません。あるところは飛ばし読みながら、別のところはじっくりと、またある場所では数行前に戻って読み返し、違う場所では、しばし思索したい…。読書とは、そういうものです。

ところがCDから流れる美声はそんなことはお構いなしに、一律に進んでしまいます。これでは誰のための時間でしょう。

文字は、人にじっくり考える機会と喜びを与えてくれます。子どもたちも同じです。文字を見て考える。思いもよらなかったことを思いつく――こうした機会を大切にしたいものです。

「子ども英語」で終わるか、
「本物の英語」になるかの
分かれ道があります。

ここからはご提案になりますが、**お子さんの英語の教育目標を、このように考えてみるのはいかがでしょう**。つまり「十分な音声情報処理の育成と、それを上回る文字処理能力の育成」。平たく言えば、**「たくさん聞くけど、もっともっと読む」ということです**。

音声情報が大事なのは言うまでもありません。人類史をひもとくまでもなく、コミュニケーションの出発点はあくまで「音声」であって「文字」は後発的なものです。音声を伴わない「文字だけの学習」、ましてや「blue ＝ 青」のような日英変換でいくら覚えてもコミュニケーションがうまく取れるようにはなりません。従来の学校英語、受験英語をいくらやっても「英語がつかえない」理由はここにあります。

いっぽう、では音声情報に特化すればいいのか、とならないのは前述のとおりです。音声は「時間」と「空間」は超えられず、「量」的にも制限があり、思考の深まりも限定的。「子ども英語」の限界はここにあります。

ではどうすれば――。

結論から申し上げれば、**最初は「英語を聞く力」を育てつつ、それを引き継ぐ形で「（日英変換でなく）英語を英語で、読む力」を獲得させることにあります。この引き継ぎのプロセスが勝負です**。

「幼い時代の帰国子女」の英語力が、あっという間に落ちてしまうのは、「読む力」を形成する前に帰国してしまったからなのです。もしそのまま海外にいれば始まっていただろう「読む力」のトレーニングが欠けているのです。

わたしは、幼い時代の「楽しい子ども英語」を一概に否定しているのではありません。**「子ども英語」のあと、いかに「読む力」を育成していくべきか――。その重要性をお訴えしたいのです。**

「英語で読書をする力」をつけることができない理由のひとつは、きっとこの国に「英語の本が読める場所」、「思いっきり英語の本を読む環境」が絶対的に不足していることだと思います。

ですので政府は、入試制度をいじったり、カリキュラムを変えたりするよりも、日本の国のここかしこに、もっとたくさん「英語の図書館」をつくってくれればいいのにな――そんなことを切に思っています。

Column1

いつ話し出すのかな？——サイレントピリオド

サイレントピリオド（沈黙の期間）という言葉があります。言葉を習い始めたとき、いきなり話し始める人はいませんし、できるものでもありません。ある意味受け身で「黙っている」期間、これをサイレントピリオドといいます。赤ちゃんも同じです。しかし「黙っている」といっても、何もしていないわけではありません。外からは見えませんが、頭の中では猛烈な勢いで情報の整理と蓄積が行われているものです。

赤ちゃんに、発話を無理強いしないように、外国語初心者にも無理に発話を要求することは得策ではありません。「黙ってて、いいからね」。こうした感じがあっていいはずです。「しゃべれない」から、しゃべることを要求しない。ある意味当然です。

ですが、英会話学校では、そんな呑気なことを言っていられませんし、第一それでは商業ベースにはのりません。そのために自然と、おなじみの「スキット制」になっていきます。

つまり「今日のスキット」として…

「今日はアメリカからの留学生 Judy と市場でお買い物。キュウリはなかったが、ウリをみつけ、Judy は興味津々。ワオ！」といった具合。ですが、そんなシーン、あるものでしょうか？　まして小学生にです。実際に起きそうもない場面を、今日は4行、来週は5行と覚えるのは、あまり楽しいものではありません。

一方、英会話教室にしてみれば、「カリキュラムをこなしている」ということになるのでしょうが、残念ながら、やはり力はつきません。

一番の理由は、「言うべきこと」を他人に、最初から決められてしまうからです。「自分の言うべきこと」を決められてしまったら、「心」がそこに宿りません。「言いたいことが言いたい」、「言いたいことを言えるようにしてあげる」。そのためには、「言いたくないことは言わなくていいんだ」という安心感が必要ではないでしょうか。

何かを言いたいな、聞いてみたいな――そうした「心」から発話は始まります。

ですので、わたしの教室では、最初のうち、皆さんが驚かれるほど「言わせる」ことを要求しません。そうでなく、「大丈夫だから、安心して、黙って〝１０００〟聞いてなさい。〝１０００〟読んでなさい。…なに、終わった？　よし、だったら言いたいこと〝３〟でも言ってみようか」。そんな感じで進めています。

焦らないでしばらく、読み聞かせをしてみてください。そのうち、キリがないほど「自分が言いたいこと」をペラペラと話すようになるものです。

CHAPTER 2

もっとたくさん読む力をつけるために

A goal without a plan is just a wish.
—— Antoine de Saint-Exupéry

「計画」のない「目標」なんて、それは単なる「願いごと」。

サン＝テグジュペリ

学習POINT
1

英語を英語で理解する英語脳を作る

さあ、いよいよ英語学習を具体的に進めていきましょう。そのためにまず理解したいのは、「脱日英変換学習」です。言いかえれば「英語は英語で理解する」ということです。

今までの英語学習は、「訳せる」を目標としてきました。日本語と英語という2つの言語のデータベースをひとつひとつコード化していく作業とも言えます。

「book は本」「library は図書館」というように。また単語の「意味」だけでなく「綴り」と「発音」も覚え込まなければなりません。

そのうえで、「日本語を英語に」「英語を日本語に」どれだけスピーディに変換できるか。そして、その「日英ペア」をどれだけたくさん暗記しているかを要求されてきました。

しかしこの学習法では困ったことが起きます。というのも、itは、「時間・天気・距離を示す場合は訳さない」…、rainは、「雨が降る」…、tomorrowは、「明日」…と「日英ペア」で中学1年生のときに習い、中学2年生になると「助動詞」を習います。

willはbe going toと同じで、「〜するだろう（未来）」と習ったあとで…

- It is going to rain tomorrow.
- It will rain tomorrow.

という2つの文に出会います。「（どちらの文も）明日は雨が降るでしょう」と訳すと、「よし正解」と言われるので、（できた！　やった！）となります。

さらにこんな問題にも出くわすかもしれません。

> ●以下の空欄に適切な単語を入れなさい。
> 「明日は雨が降るでしょう」
> It is (　　　) (　　　) rain tomorrow.
> = It (　　　) rain tomorrow.

「1つめの文はgoing to、2つめはwill、できた！」となります。実際、このような問題は高校受験の問題集で今も出題されています。

しかし、英語を英語で学んできたわたしの教え子たちにこの「書き換え」を見せたら、「え〜！ 変なの〜！」と思うはずです。もしかすると怒ったり、困惑したりする子もいるかもしれません。どういうことでしょう。

というのも、will と be going to は「同じもの」ではないからです。ニュアンスがまったく異なります。

be going to は「もう既にある躍動感・進行感」です。「既にあることが始まっていて、今まさにこの瞬間も継続していて、進行している」イメージです。

ですので、

• I am going to study now.

という文ならば、ニュアンスは、

「あなた、勉強してるの？ いつやるの？」と聞いてくるお母さんに対して、「うん、これから勉強やろうと思っていたよ。ちょうど、もう始めようと思っていたんだよ」といった感じです。「もう既にある躍動感・進行感」ですから、注意を受けるまでもなく、しようと思っていたわけです。急に決めたわけではありません。

▶ 子どもたちはイメージできます！「will」と「be going to」の違い

I am going to study now.
で思い浮かべているコト

I will study now.
で思い浮かべているコト

いっぽうのwillは「今この瞬間に決めた意志」です。今この瞬間に「カチッ」と決まった思いです。ですので

- I will study now.

こちらの場合はこんなシーンでしょうか。

お母さんが部屋に入ってきた。ちょっとご立腹気味。そしてマンガ本を読んでいる子どもに対し、「あなた！ いつになったら勉強するの！」。仕方なく少年は、「うん…これからやります…」と。

あるいは…少年は宇宙ロケット発射を実際に見に行った。感激した。知らないうちに涙が出てきて、空を見上げた。「よぉ〜し！ ボクも勉強して、絶対宇宙飛行士になるぞ。勉強するぞぉ！」と。「勉強するぞ！」と決めたのは、ロケット雲を見上げて涙した「今この瞬間」です。

こういうニュアンスを「説明なし」にわかるようになる。こういう状態こそ「英語がわかる」というのではないでしょうか。そこには「〝will〟＝〝be going to〟。意味はどちらも〝〜するだろう〟」という変換プロセスは存在しません。それぞれが持っている原義をダイレクトに、また瞬時に感じ取ることができているのです。

学習POINT 2

いつまでに、何を実現するか
――「ゴールオリエンテーション」のススメ

「脱日英変換」の次に念頭に置きたいのは「ゴールオリエンテーション」の意識です。いつまでに、どんなことを実現しよう――。そうした意識です。

これがないと、目標がなくなり、行き当たりばったりになってしまいます。たとえば……、

なんとなく英語教室に行ってはみたけど、特に目標もなく、しいて言えば「皆勤賞」が目標で…そうこうしているうちに小学3年生。反抗期を迎え、塾も忙しくなってきて、いつの間にか親子ともに「英語の季節」はおしまい。「楽しかったけれど、結局何も残らなかった…（やっぱり）」。

いつまでに、どんなことを実現するか。日本の英語教育がなかなか成功しない理由のひとつは、ひとりひとりに最適な目標を設定してあげられていないことだと思います。

「目標」がないと「結果」は出ません。

「結果」に近づいて行けば「本気」が出てきます。

本気を出して目標を実現する。楽しさはそこにこそあります。子どもたちは、それを求めています。

「楽しい英語」――。素晴らしいではないですか。目標を創る、実現する、そして自信を持って次の目標に立ち向かう。そんな「本当の楽しさ」を教えてあげませんか。

学習POINT 3

ものさしとしての「英検®」

効果測定の悪い面も知っておきましょう

「英語学習の目標」というと、まず思い浮かぶのは「英検®」です。効果測定の手段としてよいものだと思います。しかし、何事もそうですが、英検®にも上手な使い方、残念な使い方があります。特に気をつけたいのが「ちょっとでも早く○級に」という、いわばスピード・シンドロームです。

英検®のような到達型試験の場合、試験に受かることばかりに目がいって「早く、早く」となりがちです。「早く」というのには気をつけたいものです。

「早く起きなさい」から始まって「早く着替えなさい」、「早く食べなさい」、「早く片づけなさい」。なんでも「早く、早く」。

世の中には「早く」すべきことと、「ゆっくり」すべきことがあります。英語の場合、そんな当たり前のことが、見失われがちになります。

効果測定のすすめ

そのうえで、**わが子自身の成長や顔色を見ながら効果測定をしていくことには利点も含まれます。なぜなら、ほめてあげられるからです。**「よくやったね！」と。客観的な基準をクリアしていくことによって自信もついていきます。

英検®をおすすめしています※

小学生のための英語力測定試験はさまざまありますが、わたしは英検®をおすすめしています。

1. 素材が一般的であること。
2. 「聞く」だけでなく「読む」力が測定されること。
3. 中学・高校で習う順に、級ごとの単語・文法の難易度が上がること。
4. 認知度が高く受験もしやすいこと。

という理由からです。

ところで、英検®は「3級まで」は比較的かんたんに合格できるはずです。というのも3級までは、

「日本語訳を知っている」英単語
「絵に描くことができる」英単語

が多いからです。たとえば、

「Doctorは何?」、「お医者さん!」
「Oceanは?」、「海!」

といった具合に「日本語で知っている」わけです。また「絵に描いてみる」こともできるでしょう。

※2018年3月、大学入試センターは、2020年度からはじまる『大学入学共通テスト』において「英検®（従来型）」を不採択とする旨、発表しました。「英検®は時代遅れなのか」とご心配された方もおられるかもしれません。しかしこれは「英検®」のクオリティではなく、「〝一次試験（読む・書く・聞く）〟の不合格者は〝二次試験（話す）〟を受験することができない」という仕組みに由来するものでした。ですので4技能すべてを1日で完結させる「英検®（新方式）」は採択されています。詳しくは英検®協会HPをご参照ください。小学生のうちは、時間的・体力的に余裕をもって受験できる「従来型」がお勧めです。

準2級以上を目標にする――大事なのは「早く」合格することではない

ところが、準2級以上で出てくる単語は、3級までとは事情は異なります。たとえばtheoryという単語があります。

「お母さん、このtheoryってどういう意味?」
「あぁ、〝理論〟よ」
「あ、そうなんだ。ありがとう」

小さいお子さんに英語を教えるようになって久しいですが、これまでにこうした会話を聞いたことがありません。

大人は「理論」という言葉を知っていますが、子どもは知りません。きっとこうなります。

「〝theory〟っていう言葉知ってる?」
「知らない」
「そう(やっぱり)。じゃ〝理論〟は?」

「知らない」

「そう（やっぱりね）。じゃ、説明してあげるわね。〝理論〟っていうのは…」

と、ひとしきり日本語で「理論」の説明が続くでしょう。ここで国語辞典を持ってくる方は少ないはずなので、説明は自己流かもしれません。そしてこのあと、

日本語で英語を覚えるとは…

「じゃ〝理論〟っていう言葉はわかったわね？」

「うん」

「それを英語でいうとね〝theory〟っていうの。わかった？」

「…うん」

「覚えてね！」

「…」


と、こうした流れになることが多いと思います。

これをなんというか——これこそ、私たちが脱却すべき「日英変換学習」そのものなのです。

このように準2級に挑戦させたいがために、「日英変換」をするのでは本末転倒です。このやり方で合格したとしても、「そこでおしまい」。さらに上にはいけません。

大事なことは「早さ」でなく「本質」です。本物の英語力をつけるためには焦らないでいきましょう。

CHAPTER 3

「英語の読書ができるようになる」三段階学習法

Start where you are. Use what you have.
Do what you can.
―― Arthur Ashe

今いるところから始める。今もっているものを使う。
今できることをやるんだ。
アーサー・アッシュ

STEP1

フォニックス

英単語を音にする楽しさを学ぶ

ここまで「子ども英語は身に付かない」、「日英変換をしてはいけない」、「英検®は急いではいけない」と、ダメダメ続きで恐縮ですが、では、どのようにしていくべきでしょうか。

到達目標は、「英語をちゃんと読める」状態を作ることです。3つの段階に分けてその方法を紹介していきますが、すべて家庭で行っていただけるものです。これによって、「英語を読める」状態が作られ、それによって「聞けるし、書けるし、話せる」基盤が作られていきます。

フォニックスって何？　なぜフォニックス？

最近は「フォニックス」という言葉だけが独り歩きしている感がありますが、フォニックスとは「綴りと音の統合」を目指すものです。アメリカでは幼稚園年長から小学

1年生で習得していきます。

なぜフォニックスが大事なのでしょうか。それは、**「文字」というものは、自分で音にできるものだけ頭に入り、また記憶に残るからです。**「音にできない文字」は頭に入りませんし、残りません。ですから、**まず音に出して読める状態を作ることが先決で、そのためのツールがフォニックスなのです。**

もしフォニックスをマスターしていなければ、「綴りと音のルール」がわからず、たとえば、「この単語motherは〝マザー〟って読むけど、綴りは〝モザー〟。そして、意味は〝お母さん〟…。よし覚えた」と、ひとつひとつ日本語を媒介しながら勉強することになってしまいます。

わたしの教室では、フォニックスを学ぶテキストとして、『Sounds Great』（全5巻、Compass Publishing社刊）を使っています。以下、それぞれの巻の概要、使用法と達成目標をご紹介します。

Book 1 ■ それぞれの文字には音がある

最初は「文字（アルファベット）」の習得です。ご存じのとおりアルファベットは26

文字あり、多くの方は「エイ、ビー、スィ、ディー…」と読むことはできると思います。また「きらきら星」のメロディにあわせて歌うこともできるでしょう。

しかし、これができても「英語を読む」ことはできません。習得すべきことは「a、b、c…」（図1）を「エイ、ビー、スィ…」と読むのではなく、「（エ）ア、ブ、ク…」と「音にできる能力」だからです。「歌が歌えるよ」というのであれば、「じゃフォニックスで歌える？」「できるよ。（エ）ア、ブ、ク、ドゥッ、エ、フ、グ…」という状態です。

ひらがな50音の場合、「あ、い、う、え」は、文字の「名前」であり、かつ「音」でもあります。つまり「名前」と「音」とが一致しているのですが、英語では、26文字それぞれが、「文字の名前（エイ、ビー、スィ）」とは別の「音（（エ）ア、ブ、ク）」を持っていることを知る必要があります。

達成目標は26文字がスムーズに発音できることです。書ける必要はまったくありません。26文字をランダムに指して、「これは？」「（エ）ア」、「じゃあ、これは？」と読ませてみる、あるいは、「スィはど

▶図1　「エイ、ビー、スィ」ではなく「（ェ）ア、ブ、ク」と読めるかな？

れ？」、「これ！」と選択させる形で定着させてあげましょう。

Book 2 ■ 3文字単語への挑戦

Book2では「3文字単語」を学習します。3文字単語の多くは、母音を真ん中にして接着剤とし、両側を子音でサンドイッチしていきます。

図2の〝sad〟をご覧ください。この場合、Book1で学習したように、aは「エイ」でなく「(エ)ア」、dは「ディ」でなく「ドゥッ」と読みます。つなげると、「(エ)アドゥッ」。そのまえのsは「ス」だから、あわせると「スェアドゥッ」、といった感じです（カタカナ表記では、紙面での説明が苦しいですが…）。

同様に、〝pin〟であれば「プ」と「イン」の合体ですから「ピン」となります。

接着剤になる母音は5種類（a、i、u、e、o）しかないので、順番に、パターン化していきます。こうすることによって、Book2終了段階で、ほとんどの3文字単語が読めるようになります。

▶図2　母音が真ん中。前と後ろに子音をつけるよ。

s + ad = sad

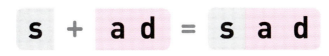

この段階での目標は「すらすら読めること」です。Book 2 の巻末に Glossary（図3）がありますが、たとえば図3の単語であれば16秒ほどで読めれば理想的です。**抵抗なくスムーズに読めるようになるまでは、くれぐれも焦って次にいこうとしないでください。**

▶図3　すらすら読めるようにする。
次の単語を16秒で読めるようになるまで練習する。

sad	dad	bad	mad
yam	jam	dam	ram
cap	map	nap	tap
bag	wag	tag	rag

＊「Book 2 Glossary」をもとに作成

Book 3 ■ マジックeと4文字単語

さてBook3。ここが最大の山場となります。いわゆる「マジックｅ」、「サイレントｅ」と呼ばれる4文字単語の発音はこの段階で学びます。

図4をご覧ください。これまで習ってきた、tap、pin、cut の3文字単語の最後にｅが入ると、tape、pine、cute となり、それぞれａ、ｉ、ｕの母音の発音が変化します。子どもは、「〝ｔａｐ〟は〝タップ〟だから「〝ｔａｐｅ〟は〝タッペ〟じゃないの？」」、「どうして今まで〝ピン〟だったのに、いきなり〝パイン〟になるんだ？」と混乱するでしょう。「覚えたばかりのルール」が使えなくなるわけですから無理もありません。この混乱をなんとか乗り越えさせるのがこのステージです。バリエーションは無限にあるわけではないので、テキストにしたがって、cake、make、gate、hate、date…とバリエーションを定着させていきましょう。達成目標はBook2と同じです。図5を、16秒で読めれば合格としてください。

ここで焦らないでください。Book3をマスターできれば「フォニックスの土台」が完成します。その時点で英検5級を受験するとよいでしょう。

▶図4　ａとｉの発音が変わりますよ。

▶図5　すらすら読めるようにがんばろう。
16秒ぐらいで読み切ろう。

cake	bake	rake	lake
tape	cape	wave	cave
Dave	save	same	name
game	fame	cane	mane

＊「Book 3 Glossary」をもとに作成

Book3はみんな苦手。
がんばろうね。

Book 4 ■ 子音字の連続

Book3までをフォニックスの「幹」の部分とすると、これ以降の2冊は「枝葉」の部分と言えます。もちろん「枝葉」といっても大事でない、という意味ではありません。

「枝葉のフォニックスその1」、Book4は「子音字の連続」がテーマです。図6をご覧ください。

英語では、「子音字の連続」は一定の音を導きます。

たとえば、bl は、black、blow、blade、blue

また、st の場合は、stop、stone、stove

といった具合です。「この文字とこの文字がつながったらどういう音になるか?」をひとつずつ、このテキストにおいては、30の組み合わせをマスターします。これだけのパターンを理解していればまずは大丈夫です。

この単元のルールはワンパターンですので、あまり深く考えず、たんたんと進めていくべきですし、また進めていけるはずです。

▶図6　この文字とこの文字がつながるとどんな音になるかな?

bl-：black, blow, blade, blue

st-：stop, stone, stove

Book 5 ■ 母音字の連続

「枝葉のフォニックスその2」、Book5は「母音字の連続」がテーマです。

図7の上2つをご覧ください。ai と ay はともに「ei」という発音をします。スペルは異なっていても発音は同じ。したがって、mail、wait、day、pay の下線部分はみな同じ発音ということになります。

一方、図7の下2つをご覧ください。こちら oo（ダブルオー）の場合は、moon、pool というように長母音になることもあれば、book、cook というように短母音になる場合があり、これをマスターする必要があります。

food の場合は「フード」、foot の場合は「フット」、と、ひとつひとつ定着させていきます。

▶図7 どこの発音が同じかわかるかな？

m + ai + l = mail
d + ay = day

m + oo + n = moon
b + oo + k = book

まとめ

「あ、ひらがなと同じだな」が目標

ここまでくれば、アルファベットの綴りはほぼ読めます。

たとえば、picture。これは、pic（Book 2）と、ture（Book 3）の統合です。

「picture って読める？」

「うん。読める」

「意味は？」

「わかんない」

これで結構です。そういう意味では、「ひらがな」と同じです。

たとえば、「ひらがな五十音」を読めるようになったばかりのお子さんが「に・ん・げ・ん・ば・ん・じ・さ・い・お・う・が・う・ま」と、ゆっくり読めるとしても、「人間万事塞翁が馬」の意味がわかるはずはありません。それと同じです。慣れてきたら、意味を知りたくなるでしょう。そのために、まず、読めるようにすること。これが出発点です。

付属CDでリズムに自信がつく

フォニックスの教科書として『Sounds Great』をおすすめしていますが、それは付属CDが充実しているためです。

類書の付属CDは、「音が出るだけ。読んでくれるだけ」が多いのですが、これはハイブリッドCDです。パソコンで起動すると、パソコンの画面上で挿絵が動き出します。動く漫画を見ながら、大人も一緒に声に出して読んだり、ゲームをしながらテキストに書いてまとめるといった内容になっています。

これを使って週に3〜5回、20分ずつ、お子さんと一緒に遊んであげてください。英会話学校に行くよりはるかに効果があります。

「家に帰ったら今日もお母さんが待ってる。そしたら一緒にパソコンの前に座って、お母さんと楽しい英語の勉強だ。それが僕の英語の勉強だ」。

こうした自信をつけさせてあげること、ここから始めてみてください。

お答えします！

わが子の英語の悩みごと

わたしたち親の世代は、中高校生時代、一般的にフォニックスを使って学習していません。そのため、フォニックスに混乱したり疑問をもったりすることもあるでしょう。ここでは、よくいただく質問にお答えします。

Q1

フォニックスをひと通りマスターしたようですが、本当に読めるのか。少し不安です。「読書」のまえに何かしたいのですが。

その場合はピクチャーディクショナリー（英絵事典）を活用してはいかがでしょう。『Longman Children's Picture Dictionary』、『Longman Photo Dictionary』などがおすすめです。

「単語を覚える」よりも、身に付けたフォニックスの知識を動員し、「読める」、「音声化できる」実感と心地よさを感じさせてあげてください。付属ＣＤも活用すると一層効果的です。

ピクチャーディクショナリーを使う場合、具体的には以下のように進めましょう。

絵の下に英語が書いてあります。

ひとつは「選択」です。親御さんが「tusk」と読んであげ、お子さんに「Here」とか「This one!」と指差しさせる方法です。

もうひとつは「音読」です。こちらでは親御さんは「elephant」の文字を「This one?」と指差し、お子さんに「elephant!」と読ませる方法です。

念のための確認ですが、NGなのは「日英変換」。「さぁ、次はこのostrich。日本語ではなんというでしょう?」、「ダチョウ!」――このやり方は絶対にダメです。

最初のうちは、うまくいかなくても叱ってはいけません。まだまだインプットの段階です。

「大丈夫、大丈夫、そのうちできるようになるから心配ないよ」と、あたたかく励まし、忍耐強くいきましょう。

事典を1冊終わるころにはフォニックスが徹底されていますし、相当のボキャブラリービルディングができているはずです。

Q2 日本語の意味を知らないままで本当にいいですか？

構いません。

目指すのは「英語を英語でわかっている」状態であって、「日本語訳を言えて、あぁ、よかった」ではないからです。最初のうちは「こんな状態でいいのかな？　なんとなくしか、わかっていないみたいだけれど…」とご心配になるはずですが、大丈夫です。

逆に「ちゃんとわかっている」状態とは、どんなことでしょう。もしそれが「日本語で説明できること」だとしたら日英変換一直線になってしまいます。重ね重ねですが「なんとなく」で大丈夫。もう少したつと「あ、わかってる」という実感が伴ってくるはずです。

Q3 子どもがどうしても日本語の意味を教えてくれ、と言っています。その場合は、日本訳を教えてあげてもいいでしょうか？

構いません。

子どもたちも、「あぁ、やっぱりそうか！」と日本語を聞いて安心したいときもあります。やみくもに「日本語禁止！」とする必要はありません。また彼らは英語学習者であるとともに日本語学習者でもあるので、日本語の語彙への興味があって当然です。

ただしこの段階で絶対ＮＧなのは、「子どもに日本語訳を言わせる」ことです。

たとえば、前述のように「ostrich って日本語で言うとなんだっけ？」と聞いて、子どもに「ダチョウ！」と言わせるようなやり方です。

「せっかく教えたんだから、日本語訳も覚えていてほしい」と思うのは無理からぬ話ですが、日本語訳を確認させることによって、子どもたちは「そっか、日本語訳も覚えておかないといけないんだ」と無意識に考えて、日英変換への下準備が始まってしまいます。

日英変換から脱却できないのは、まわりの誰かが日本語訳を尋ねるからです。親御さんも、英語の先生も「日本語で何と言うでしょう？」と聞かなければ、子どもは自然に日英変換をしなくなっていくものです。

Column 2

子どもの英語学習に役立つ辞書は？

辞書の大事さは、あらためて言うまでもありません。しかし実際は、辞書のそれぞれの特徴がわからないために、「どれも同じ」、「なんとなく」と思って選んでいないでしょうか。目標達成のために、最適の辞書を選んでいきましょう。

●初心者用英英辞典がおすすめです

本書は一貫して脱日英変換をテーマにしています。すなわち「日本語に訳しておしまい」はダメで、「英語を英語で理解する」ことを目指しています。

そのためには**「英語を英語で説明してくれる」英英辞典の活用が欠かせません。**よい辞書を持っていることは、よい家庭教師をひとり雇うのと同じくらいのインパクトがあります。

慣れない方は「英英辞典」と聞くと尻込みされるかもしれませんが、心配ありません。**子どもの英語力に合ったものを選べばいいのです。**「有名だから」とか「学生時代、自分が使ってたから」という理由で選んではいけません。小学1年生に、「有名だから」という理由で『広辞苑』を使わせますか？　英語の辞典もそれと同じです。

英英辞典を選ぶ際、まず留意したいのはその対象となる読者です。
Webster、Oxford、Longman の3つが有名ですが、前者2つは、原則として「英語ネイティブ話者」用の辞書です。一方、Longman は「非英語ネイティブ」用、つまり、英語が母国語でなく、外国語として学習する人のためのものです。そのため、Longman は定義が基本語2000語程度の語彙で説明されています。そこで初心者におすすめしたいのは、『Longman Study Dictionary of American English（4万6000語収録）』のオンライン版です（http://longmandictionariesusa.com/）。

実際に英単語を引いてみましょう。
doctor であれば
【定義】someone whose job is treating people who are sick
（病気の人々を治すことを仕事にしている人）
【例文】If you're still sick tomorrow, you should go to the doctor.
（もし明日もまだ気分が悪かったら、お医者さんのところに行ったほうがいいわよ）
と出てきます。
theory であれば、

【定義】an idea or set of ideas that tries to explain why something happens
（どうして、こういうことが起きるのか、を説明する考え方）
【例文】According to this theory, all the dinosaurs died because a large asteroid hit the Earth.
（この理論によれば、恐竜がみんな死んでしまったのは、大きな隕石が地球にぶつかったからなんだ）

といった具合です。

いかがでしょう。これまでの「doctor ＝ 医師」、「theory ＝ 理論」とは違った切り口が見えてきませんか。最初は「単語➡定義・例文」でよいと思いますが、少し慣れてきたら、「定義➡単語」、つまり、定義を読み上げて、お子さんに英単語を言わせる、というクイズ形式にしてもいいと思います。

オンライン版をおすすめしているのは、「見出し語」だけでなく、「例文」にも音声が収録されているからです。電子辞書も発音してくれるものが主流ですが、それらは「見出し語」に限られています。一方、こちらは「例文」も読んでくれるので、広がりが格段に違います。

英検®なら3級レベルまではこの辞書で間に合います。その後、レベルが上がってきたら Longman の上位辞書に移るとよいでしょう。

・準2から2級に挑戦する場合には
『Dictionary of American English』（10万9000語収録）

・準1級・1級に挑戦する場合には
『Advanced American Dictionary』（20万5000語収録）
が適当です。

●親のツールとしての英和辞典

英和辞典についても少々付け加えておきましょう。

実際には、初心者である小学生に英語を教える場合、英和辞典は必要ありません。ピクチャーディクショナリー（英絵辞典）と初学者向け英英辞典があれば事足りるはずです。

一方、そうした教材を使いながら親御さんの頭の中では必死に日英変換をしていることが少なくないと思います。

「これでよかったのかな？」と「自信のないことを確かめたい瞬間」があることでしょう。

そこでおすすめしたいのは、あくまで「親のツール」として、よい英和辞典を持っておくことです。お子さんに見せたり、使わせたりする必要はありません。親が何か気になったときに参照する、そういう使い方です。

とりわけ最近の学習英和辞典の発達には目を見張るものがあります。単純に「訳」を教えてくれるだけでなく、その言葉の語感、ニュアンス、使い方などを伝えてくれるものが多くなってきました。親御さんがご覧になると、ちょっと新鮮な驚きにあふれているはずです。

なかでもおすすめは『アンカーコズミカ英和辞典』（学習研究社）です。like と be fond of 、will と be going to、must と have to など、かつて「同じもの」として暗記したものの違いが、上手な例文を使って説明されています。

子どもの場合は、「なんとなくわかる」で結構です。「ちゃんとわかる説明」は必要ありませんし、逆に、それをしてしまうと伸びないことがあります。「ちゃんとわかる」というのは、この後、あくまで「読書」を通して形成されていくべきもので、日本語で「説明」されていくべきものではないからです。

いっぽう、親御さんの場合は、「なんとなく」でなく、「ちゃんとわかる明確な説明がほしい」はず。そのお気持ち、わかります（笑）。ですので、「いい英和辞典」を使いましょう。久しぶりに本屋さんに辞書を選びに行ってみてください。きっと楽しいですよ。

STEP 2

音声付き絵本の活用

読み聞かせでストーリーがわかる、英語の本がおもしろくなる

英単語を音にするよろこびを学んだあとは、いよいよ英語の本に挑戦するステージに入ります。ストーリーがわかるよろこびを感じる番です。「STEP 2」としましたが、お子さんの達成状況、あるいは興味関心によっては、フォニックスと同時並行でも構いません。

手当たり次第に本を選ばないことが大切

さて、最初は「簡単な本」、「学習者向けの本」から読み始めるわけですが、手当たり次第に始めてはいけません。一般に「簡単な本」といっても2種類あります。大人向けの「簡単な本」と、子ども向けの「簡単な本」です。

・大人向けの「簡単な本」Graded Reader

アメリカやイギリスは多言語国家です。移民も多く、そうした非英語話者をどのように国家に統合していくか、つまり、どのように英語力を身に付けてもらうかが課題です。そのための手段として「読書」の効能は以前から知られていましたが、いきなり難しい単語、複雑な言い回しは理解できません。そこで有名な物語を、語彙数を制限してリライトした本がたくさん出版されました。このレベルの本は、「辞書を引きながら読む」必要がありません。Graded Reader の有名なシリーズに「ペンギンリーダーズ」があります。

ちょっと乱暴な言い方をすれば、「(英語以外の) 母国語では十分に本を読める」大人のための「学習レベルに応じた語彙で書かれた」本と言うこともできます。

・子ども向けの「簡単な本」Leveled Reader

一方、こちらの対象は「子ども」、幼児・小学生です。子どもたちは、英語話者であれ、非英語話者であれ、まだまだ「本を読む」ことに慣れていません。本に親しむところから始めよう、というシリーズです。狙いは日本人が小学校で学ぶ「国語の教科書」と似ています。

Leveled Reader の代表的シリーズと言えば、やはり「オックスフォード・リーディング・ツリー (Oxford Reading Tree (ORT))」です。

読書のスタートはORT

まず始めはこの「オックスフォード・リーディング・ツリー（ORT）」を中心に読書をしていきましょう。

日本でも、「英書多読をするならここから」と、最近有名になりすぎてしまった感のある名シリーズ。「イギリスの8割以上の小学校が採用している〝国語〟の教科書」、「10段階にレベル分け」、「笑いあり涙ありのオチ」など、すばらしいです。もしこのシリーズがなかったら、わたしは英語教室を開かなかったかもしれないと思うほどです。「読み進むうちにレベルが上がっていく」というコンセプトだけなら、英語教材には他にもいくらでもあります。しかしORTは、登場人物の性格、人間関係には変更を加えないまま、「英語だけ」が難しくなっていくのです。自分の英語力が上がるにつれて、物語がおもしろくなっていく。なるほど、大人でも引き込まれていくのも納得できます。

ORTでは、「Stage」という尺度を用いますが、おおざっぱに、Stage 3 ≒ 英検®5級、Stage 6 ≒ 英検®4級、Stage 9 ≒ 英検®3級といった目安です。

内容も、製本も、音声も、かなりしっかりしたものですから、少々お値段が張りますが、最近はORTを置いてある図書館も増えてきているようです。またお近くに英語の本のブッククラブがあるかもしれませんし、安価で入手することもできるかもしれません。

Oxford Reading Tree のサイト

https://www.oupjapan.co.jp/ja/gradedreaders/ort/index.shtml

レベルなどが詳しく説明されているチャート

https://www.oupjapan.co.jp/sites/default/files/contents/eduk/ort/media/ort_level-chart_2018.pdf

■音声付き絵本で「音」と「文字」を統合しながら読む

さて、では、どんなふうに読ませていきましょうか。

最初のうちは「お父さん、お母さんと一緒」、これが基本です。一緒に読んで、一緒に笑って、一緒に感想を言い合ってみてください（一方的に言わせるのはダメです）。

日本語の本についても言えるのですが、「わが子が何を読んでいるか」を認識していない親御さんが多いな、という印象をもっています。何を読んでも、どれだけ読んでも、誰も何も気にしてくれない。ほめてもくれない――お子さんに、こんなふうに思わせたくないですよね。

1. 子どものマイブームを大事にしつつ、やり方は自由に

さて具体的な取り組み方には、次の6つがあります。

①ＣＤは聞かず黙読
②ＣＤは聞かず音読
③ＣＤを聞きながら黙読
④ＣＤを聞きながら音読
⑤文字は見ないで、ただＣＤを聞く
⑥親が読み聞かせながら黙読

「どれがいいのか」とよく尋ねられますが、どれでもいいと思います。むしろ、子どもには、それぞれにマイブームがあるものです。ある時期は無性に音読してみたくなったり、またある時期はひたすら聞いていたかったりするものです。

いたずらに定型化してしまうと、「楽しいから」ではなく「やらなくてはいけない」になりかねません。原則は、読みたいように読ませてあげる、でいいと思います。

2. あまり急いでレベルを上げない

ORTのような階段状にレベルが上がっていく教材を目の前にすると、どうしても親御さんは、急いで上に行きたくなります。ですが、むしろゆっくりいきましょう。「わからない」のに急いで進んでも仕方ありません。

ところで、「わかる」とはなんでしょうか。実は英語学習の際、ここがポイントのひとつになります。

たとえば、「醤油」、「薔薇」、「葡萄」を漢字で書くことができますか？「書けないよ。だけど読めればいいんじゃない？ソースと醤油の区別ができていればOK！」という方もいるはずですし、「書けなきゃダメだ」と覚え始める方もいるでしょう。つまりどの状態を「わかってる」と決めるのかはその人自身なのです。

ましてや英語は、お子さんにとって未知なる世界です。「わかってる」、「わかってない」の線をどこで引くのか自体がわかっていません。混乱しているはずです。ですので、親御さんはあまり慌てないで、彼らなりのその格闘を微笑みながら応援してあげてください。

ORTに関していえば、一直線にステージを上げていくのではなく、時に進んで、時に引いて、レベルの上下を行ったり来たりしながら読むとよいと思います。波が押したり引いたりするのと同じです。

むしろバリエーションをつけるため、今読めるレベルで、他の英語の本を見つけてあげましょう。

ORTで少しずつ垂直展開し、他の本で伸びやかに水平展開するイメージです。

3．英語の読み聞かせはぜひ！

ぜひ実行していただきたいのが⑥、つまり、親が読み聞かせをすることです。

そんなお話をするとよくお父さんやお母さんから、「自分が読んでいいのか」という質問を受けます。「発音のよくないわたしが読んで、変な発音が残ってしまわないか」とのご心配です。

大丈夫です。お父さんやお母さんに読み聞かせをしてもらって、変な発音が残ったという子をわたしはこれまで30年間、見たことがありません。変な英語は残りません。残るのは「一緒に英語の本を読んだ」という楽しい思い出だけです。

「いつまで親が読み聞かせをするのか？」というお問い合わせもありますが、その答えは、「お子さんから〝ダメ出し〟が出るまで」です（笑）。

「お母さんの英語、ちょっと変なんだよね〜。わかんなくなっちゃうから、もう、読んでくれなくていいよ〜」――親御さんにとっては、この切ないやら、うれしいやらの

セリフが出るところまでは「読み聞かせ」をしてあげてください。

STEP3

多読

ひとりでよろこんで、読んでゆく

「オックスフォード・リーディング・ツリー（ORT）」を使った読書が軌道に乗り、それ以外の本にも関心が出てきたら、次の段階に挑戦です。「読み聞かせ」の段階から、「ひとりでよろこんで読んでいる」段階を目指します。自転車でいえば補助輪を外して、自分で乗れるようになることを目指すようなものです。

以下に、多読に入る段階でよくいただく質問をまとめました。

お答えします！ わが子の英語の悩みごと

Q1 やっとの思いで入手した本なのに、読んでくれません。

「親が読ませたい本」と「子どもが読みたい本」は、基本的に一致しません。古今東西、一致しないものは「本」だけにとどまりませんが…。

読んでくれなくても、あまり焦らないで、むしろ、その本を親御さん自身が読んでみてはいかがでしょう。お父さんお母さんが楽しそうに読みながら「これ、ほんとうに面白い」とつぶやいて、そのまま本棚に飾っておけば、いつか、興味をもってくれるものです。

なんでもそうですが、「新しいもの」に挑戦するには勇気が必要です。まして小さな子どもたちはまだまだ経験値が少ないものです。勇気を出すそのときを、大きな気持ちで待っていてあげましょう。無理強いして嫌いにさせても仕方ありません。

Q2

同じ本ばかり繰り返し読んで、なかなか難しい本を読んでくれません。

自分の楽しめるレベルに応じて読書を楽しませてあげましょう。「同じ本」と言っても、子どもが読んでイメージする情景は決して「同じもの」ではないかもしれません。たとえば、初めて遊びに行ったときと2回目では、同じ遊園地でも記憶に残る風景は違います。3度目はもっと変わるでしょう。同じ本でも、毎回必ず何か新しい気づき、発見があるはずです。自分自身の何かを深めている時期なのだと理解し、応援してあげましょう。

Q3

難しい本にも挑戦させたいのですが…。

よくわかります。しかし、こんな例があります。

英検®1級に受かる小学生たちは、ペラペラとよく話すことができます。そんな彼らは、いつもどんな本を読んでいるのか。「あまり難しくない本」を読んでいるのです。

彼らを見ていると3つの特徴があります。

①自分にとっては簡単な本を、
②ハイスピードで、
③大量に、
読んでいるのです。

英検®1級を取得した彼らにとっては「簡単な」3級から準2級レベルの本を猛烈な速さで、大量に読んでいます。「内容を正確に理解して読めているかどうか」は気にしません。とにかく「簡単」なものを、「速く」、そして「大量」に、おもしろいから読む。そのときにこそ「日英変換しない〝英語脳〟の筋トレ」ができているのです。

思えばわたしたち保護者の世代は、まったく逆の勉強法を教わってきました。

①自分の現在の力より難しいものを、
②ゆっくりでもいいから、
③2～3行ずつ、正確に訳す。

英検®1級を取得した子どもたちとは、まるで逆の方法です。日英変換型学習では、そうなるのは当然です。

しかし、目指したいものは、「英語は英語で理解する」英語脳の育成です。育成するためのコツが、「簡単な本を、速く、大量に読むこと」なのです。

「わが子は、速く読めていないよう」ですか？　であれば、それは読んでいる本が難しいのです。その子が無理なく読める「もう少し簡単な本」に変えてあげましょう。

Q4 子どもと一緒に本を読みました。親の感想を語ってもよいものですか？　むしろ避けてきたのですが…。

必ずしも正解はないかと思いますが、わたし自身は、一緒に読んだ本の感想を、ぜひお話してあげてほしいと思います。

子どもはお父さん、お母さんなど身内の大人が大好きです。一緒に読んだ本を、「世界で一番好きな人」が、どんなふうに思っているのか、とても気になります。

「お母さんはね、この本の、ここが好きよ。どうしてかというとね、理由が2つあってね…。まずひとつは……だから。もうひとつは……だからよ。お母さんは、小さいときから、こういうところが大好きでね。…でも、あなたと一緒にこんなにいい本が読める日がくるなんて、あなたが生まれたころには想像もしてなかったわ。お母さん、今、とてもしあわせよ」。こうした会話をしてもらえると、お子さんはうれしいですよね。

ところでわたしは、子どもたちに「本の感想」をよく聞きます。そんなとき、「感想が言えない子」がいます。その理由は2つありそうです。

1つ目は、親が話し過ぎる場合です。何でも先回りして、「こういうことよね？」、「こういうことが言いたいのよね？」、「そうよね!?」と、お子さんの気持ちを「察し」、先回りして矢継ぎ早にどんどん進めてしまう。これでは自分の意見を組み立て、自分で話すトレーニングをする機会がありません。

2つ目は、親の話しかけが足りていない場合です。自動車にガソリンが入っていなければ走ることはできないのと同様、まず必要なのはインプットです。「誰もボクに〝本の感想〟を語ってくれた人はいないんだ。それなのに、なぜボクは先生に〝本の感想〟を言わなきゃならないんだろう？」。

「自分の気持ちは飛び越えて、自由に、伸び伸びと考えさせたい」という親御さんの意見はよくわかります。しかし、「お母さんはこう思うかもしれないけど、僕はこう思う」などと言い出すのは、高校生からです。今は、「お母さんと同じこと」を感じられることがうれしくて仕方がない時期です。すべての創造は、まず模倣から。ぜひ、親御さんご自身の思いを語りかけてあげてください。

Q5

多読のためのカタログ本があると聞きましたが。

英書を選ぶときにいちばん難しいのは、どんな本なのかを判断できないことではないでしょうか。ハッピーエンドなのか、違うのか、キーコンセプトは友情なのか、挑戦なのか、忍耐なのか…。最近は、諸先生方のおかげで多読のためのブックガイドが出版されていますのでぜひ参考にしてください。たとえば、以下のようなものがあります。

『英語多読完全ブックガイド〔改訂第4版〕』古川 昭夫ほか（著） コスモピア刊
『ミステリではじめる英語１００万語』酒井 邦秀・佐藤 まりあ（著） コスモピア刊
『ジャンル別 洋書ベスト５００』渡辺 由佳里（著） コスモピア刊

ブックガイドだけを読んでも英語はできるようになりませんが、それでも読んでいるだけで豊かな気持ちになってきます。

こうしたブックガイドを参考に、「英語の本」専用の小さな本棚を作ってみませんか？　それを毎月予算を決めて、少しずつ英書で埋めていきましょう。「小さな本棚いっぱいの英語の本、それぞれ30回ずつは読んだかな…」。そんな日が来るころには、きっと、「英語が大好きな子」になっているはずです。

CHAPTER 4

【特別授業】
英語脳が育つ英検®の受け方

It always seems impossible until it's done.
——Nelson Mandela

どんなことだって、成し遂げるまでは、
ずっと不可能に見えるものだよ。
ネルソン・マンデラ

本物の英語を身に付けるために必要なのは2つ、①日英変換の勉強をやめること、②ゴールオリエンテーションを実行すること、と説明しました。②のために活用してほしいのが英検®です。ただし、英語の勉強は英検®合格を目標にするのではなく、あくまで本物の英語を身に付けるための手段と考えてください。

5〜4級 過去問をインプット素材として活用

まずはフォニックスをきちんと学んでいることが前提です。

5級を受ける場合は、前述の「Sounds Great」で「Book 3」まで、4級に挑戦する場合は「Book 5」までを終えておきます。そのうえで過去問を上手に使っていきましょう。

わたしたち親の世代が中学生のときに勉強していた感覚では、①文法を習って英語のルールを理解、②問題演習…という段取りを考えますが、小学生以下の場合、フォニックスが終わっていれば①は無用で、いきなり過去問を見せても大丈夫です。そもそも文法を説明しても理解できません。そこで勉強には少しコツが必要です。

たとえば現在、英検®5級の問題は空所補充問題から始まります。

( )に入れるのに最も適切なものを1. 2. 3. 4の中から選びなさい。

A: Your dress is (　　　　), Cindy.

B: Thank you, Mom.

1. high　2. cold　3. cute　4. fast

NG

「さぁ、やってみようか。1から4のうち、どれかな?」と始めたくなるかもしれませんが、英語初学者の場合、このような導入は禁物です。そもそも何も教わっていませんから。

2017年度第2回5級問題冊子より

実力が伴わないうちは、子どもたちは「評価」を嫌がります。無理にやらせて間違えさせても自信を失ってしまうだけです。

ですので、最初の段階では「インプット」に終始しましょう。

今回の問題であれば、最初に、「これは3番の cute が正解よ」とまず教えてあげてください。そのうえで、

①最初に、親が数回読んであげて、

②その後で親と子どもで、ロールプレイの要領で、AとBの英文を、交互に読み合う。

こんな形でいきましょう。

「文法の勉強をしている」というよりも、「英会話の練習をしている」感覚です。声色や、スピードを時々意識的に、大げさに変えたりして、英文を通して、たのしく遊んであげてください。

1つの問題を3~5分ほど読み合ったら、次の問題へ進みます。会話文です。

(　)に入れるのに最も適切なものを1. 2. 3. 4の中から選びなさい。

Girl: When is your birthday?

Boy: (　　　　　　　　　　　　)

1. I'm 10 years old.　　2. November 15th.

3. My birthday.　　4. To my sister.

2017年度第2回5級問題冊子より

こちらも、「これの答えは2だからね。じゃ最初はお母さんが読んでみるね」、「…その次は2人でね。まずはお母さんがGirlよ…」

と、こんな感じで一緒に読んでいきます。

これを1日に3つほど、各3〜5分、合計で10〜15分で行う程度でよいでしょう。翌日にまた3つ。1週間で15セット。そんなスピードで十分です。

このときのコツをひとつ。それは最初のうち、「正解」以外の3つの選択肢については触れないでおくことです。

前の問題で言えば、親としては、「high はね…、cold は…、そして fast は…。一緒に覚えよう！」と進めたくなってしまうところですが、初心者の子どもには無用の混乱を与えるだけです。

特に5級、4級レベルでは、同じ単語が「これでもか」と繰り返し出題されます。「誤答」だったhighも、coldも、fastも、どこかで「正答」として出てくるものです。

ですので、一度にたくさんの単語を覚えようとせず、少しずつ重ねるように覚えましょう。「漆塗り」の要領とでもいえばよいでしょうか。ご存じのように、漆塗りは塗っては乾かし塗っては乾かしの繰り返し。「英検®の過去問」は、あくまでインプット教材ととらえ、「楽しい英会話」という演出です。

繰り返しますが、**この段階で大事なのは「ちゃんとできたかどうか〈評価〉」ではありません。お母さんとどれだけ一緒に「楽しく音読できたか〈インプット〉」です。**

5〜4級 並べ替え問題はカード遊びで

日本文の意味を表すように①から④を並べ替えなさい

ぼくの弟は、今テレビを見ています。

① TV　② watching
③ is　④ my brother

(　　)(　　)(　　)(　　) now.

2017年度第2回5級問題冊子より

正解：④③②①（My brother is watching TV now.）

小さい子が英検®の問題の中で一番嫌うのが、いわゆる「並べ替え問題」です。合格を狙うだけなら、この問題を飛ばしてもいいとアドバイスする塾もあるくらいです。

でも、それではもったいないです。英語の語順をきちんと復習するいい機会なのですから。むしろ、「本物の英語ができる」ようにするためには、ここが勝負どころ。実際に、わたしの教室の子どもたちにとっては最大の得点源でもあります。

5級では前のページのような形式で出題されます。

では、どのように勉強するべきでしょう。空欄補充問題（85、87ページ）と同様、「お母さんと楽しく読み合いっこしましょう」という感覚が基本です。

ただし今回は、下準備が必要です。

まずは「名刺サイズのカード」を用意します（100円ショップで売っているもので十分です）。

次に、出題されている語句をカードに書いていきます。今回の問題であれば、①〜④、そして文末の〝now〟これを、合計5枚のカードに書いていくわけです。これで準備終了。裏は白紙のままにしておきます。

さぁ、チャレンジです

①子どもが、自分でカードを正しい語順で並べられるか、「ちょっとだけ」やらせてみてください。できなくてもまだ説明したり、ましてや叱る必要はありません。コツは「ちょっとだけ」です。

②正解していたら「偉い！」と言ってあげ、間違っていたら「惜しい！」と言って、正しく並べ替え、正解を見せてあげてください。

③ここがもっとも大切な部分です。一緒に音読、インプット作業をします。語彙のパートと同じように、「評価」はしません。

④“My brother is watching TV now.”を何回か一緒に、あるいは交互に音読して「もう覚えた？」「うん！」となったら、カードをシャッフルして、再度、並べ替えさせます。

⑤間違いなくカードを並べられたらハイタッチでもして、もう一度音読、それで終わりです。輪ゴムでカードをひとまとめにして、お菓子の空き箱などにでも入れておきましょう。箱や缶にたまっていったセットは、すなわち「一度は覚えた英文集」。時々取り出して、子どもと一緒に遊びましょう。

何度も繰り返しやって、「もう絶対間違えないよ〜」となったら、たとえば、それまでに学んだ5組の英文カードをすべてシャッフル。目の前に広がる25枚ほどのカードを見せて、「さぁ、5つの文章をつくってみよう！」と言ってみましょう。

音読によるインプットが十分にされていれば、子どもたちは大喜びで、カードを並び替えていくはずです。

実は、わたしはこの瞬間が、大好きなのです。

輪ゴムを外してカードを並べ替えるとき、「"My brother is watching TV now."の日本語訳を教えてほしい」とは聞いてこないはずです。

自分の頭の中にある英語の知識と音読の記憶を総動員して、「あれかな、これかな…知ってるはずだ…」と考えるプロセスに、もはや日本語は不要です。このときこそ日英変換を脱出し、英語を英語で考え始めている瞬間なのです。

言い方を換えれば、**「並べ替え問題」こそ「英語が英語でわかっている」ことを実感させてあげられる、また実感できる機会といえ**

るのです。

■リスニングは「折れ線グラフ3本法」で

次に、リスニングパートの勉強法を紹介します。
目の前に過去問6回分があったとしましょう。
一般的な進め方は、

①「CDを聞きながら解いてみる」
⬇
②「採点する」
⬇
③「間違った個所や、あやふやな個所の解説を読む」

となるのではないでしょうか。しかし、この方法で勉強しても、英語ができるようにはなりません。

リスニングテストとは、「英語の音の流れの中から必要な情報をキャッチする能力」を測定するものです。

そのため不正解だった問題の解説を「きちんと読んで」理解し、3週間後に同じ問題を「正解」できたとしても、必ずしもよろこぶべきものではありません。その「正解」は「日本語で書いてある解説」を、文字で見て納得した、あるいは「日本語による解説」を、ただ3週間覚えていただけかもしれないからです。

「鍛え上げられた〝耳〟が英語の音の流れをキャッチできた」のではなく、「〝目〟で見た日本語」や「〝耳〟で聞いた日本語による解説」によって得られた「正解」かもしれません。

決定的にNGなのは、正解できなかった問題をもう一度聞いて、スクリプトの訳と解説を見ることです。解説を見てしまうと、文字情報や日本語のロジックで理解してしまいます。その瞬間にリスニングではなく日本語を介した読解の勉強になってしまいます。次に同じ問題に取り組んで正解できたとしても、それは耳から得た音声の情報を理解したことの結果とはいえません。

ではどうするか。「英語を聞き取る〝耳〟」そのものを鍛えなければなりません。名づけて「折れ線グラフ3本法」、折れ線グラフをつくっていきます。

『英検®過去6回 全問題集』（旺文社）を使って説明しましょう。

ファースト・サイクル（6回分の過去問1度目）

【1日目】 1回分を解答させ、採点します。解説は一切しません。スクリプトも見せません。ただ、どの問題を正解したか、あるいは間違えたかは必ず記録しておいてください。そして折れ線グラフに1日目の得点を記録しておきます。

【2日目】 1日目と同様に、次の1回分を解かせ、採点します。このときも解説はせず、ただ問題の正誤の記録と、2日目の得点をただグラフに記録したら終わりです。

3日目以降もこの段取りで進め、6日目の段階では、まずは6回分を解ききったことになり、折れ線グラフは、一本、完成している状態になっています。

セカンド・サイクル（6回分の過去問2度目）

【7日目以降】 2サイクル目です。1サイクル目と同じように、「解答」⬇「採点」⬇「折れ線グラフ記入」と進めてください。もちろん解説はしませんし、スクリプトも見せません。さてここで確認です。

各回ごとに比べると、「上がった」「下がった」はあるかもしれませんが、「平均点」を見ると1サイクル目より2サイクル目のほうが高いはずです。

どうして平均点が上がったのでしょうか。これを「2回目だから当然だ」と思ってはいけません。たとえば、5級を目指す子どもに、1級の問題を同じように解かせても、1サイクル目と2サイクル目とで平均点は変わらないはずです。何度聞いても、「わからないものはわからない」からです。

それを踏まえたうえで、ではどうしてセカンド・サイクルの平均点が上ったのでしょうか。「解説してあげたから」ではありません。「スクリプトを見せたから」でもありません。「もともとわかる問題。慣れればわかる問題」だったのです。

1回目にはつかまえられなかった音を、2回目でつかまえることができた。このとき、子どもたちは、「あ、わかる…」と感じます。これが成長の瞬間です。

サード・サイクル(6回分の過去問3度目)

同じ手順で三本目の折れ線グラフを作ってみてください。これで「折れ線グラフ3本法」は完了です。

解説と学習の時間

さて、折れ線グラフ3本ができあがりました。3回分の1問ごとの採点記録をみると次ページの図bの8パターンのどれかになっているはずです。分析してみましょう。

ここからわかるのは、問題とお子さんの相関性です。

a）過去問6回分のリスニングテストの正解率

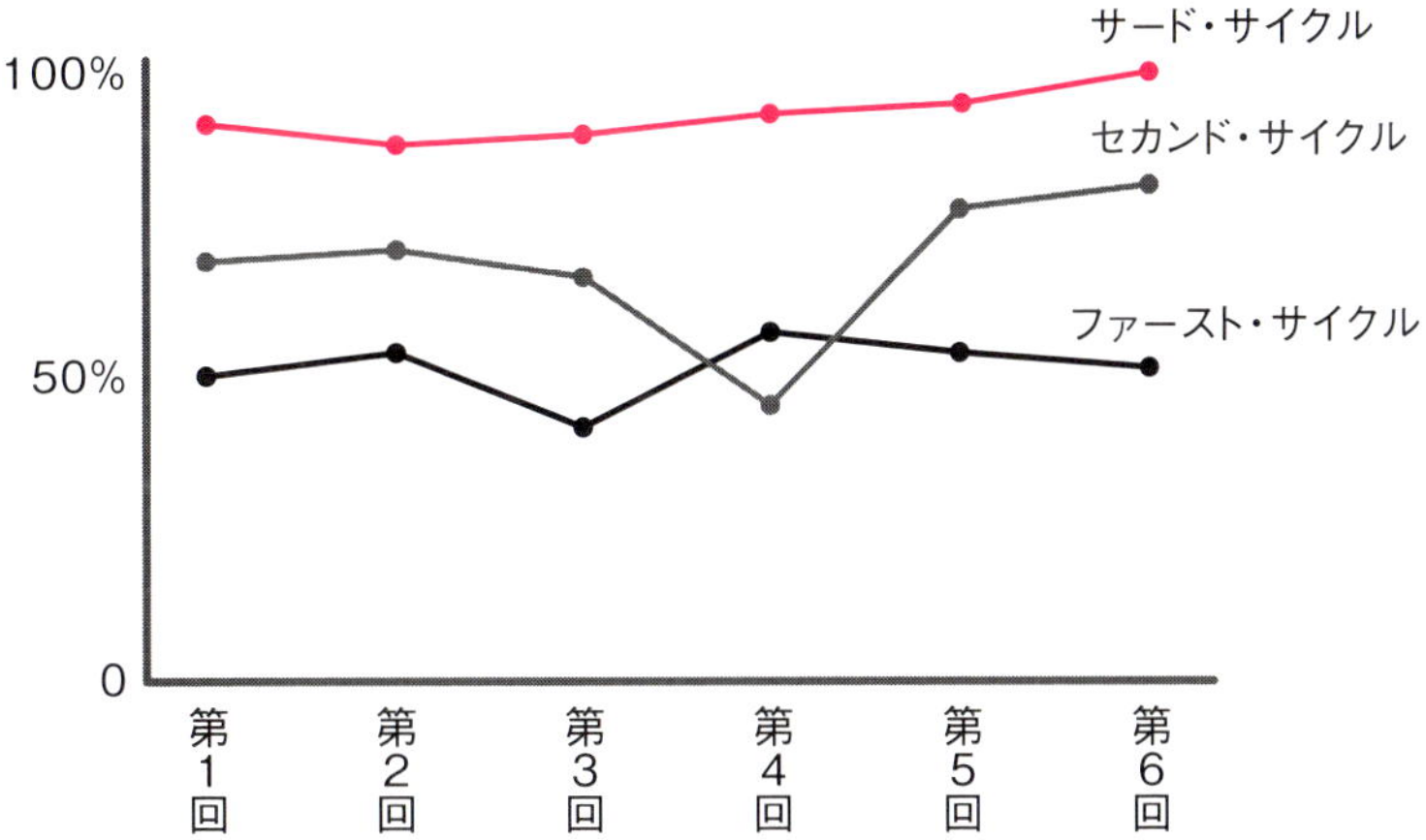

b）リスニングテスト3回分の1問ごとの正誤記録

①	○	○	○	⑤	○	×	×
②	×	○	○	⑥	○	○	×
③	×	×	×	⑦	○	×	○
④	×	×	○	⑧	×	○	×

3サイクル終えると、1問ずつの正誤履歴で、その問題とお子さんの相関性が見えてきます。

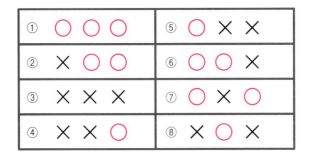

①の場合、すべて正解ですから「確実に理解している」と言っていいでしょう。特に解説は必要ありません。

②はいかがでしょう。これはおそらく、最初はわからなかったけれど、次からは聞き取れるようになったのでしょう。これも解説はせず、ほうっておいていいレベルかもしれません。

③はどうでしょう。これは全滅ですから、ちゃんと解説をしてあげなければなりませんね。

このように、3サイクル分の正誤記録があると、その問題に対する子どもの得手不得手が見えてきます。というより、むしろ、3サイクルやらないと見えてこないのです。

逆に、3回やらずに、1回目が終わった時点で「解説」をしてしまった場合、たとえば②の問題の解説をしてしまうことになります。②は「×〇〇」ですので、ほっておいても、慣れればできるはずのもので「解説」は必要ありません。

さらに、⑤「〇××」のように、最初は（きっと、なんとなく）できたけれど、やり直してみると「間違い続ける問題」、つまり弱点を見過ごすことになってしまいます。これこそ「解説」が必要な問題であるはずなのに、です。

ところで、この方法は3サイクル以上は繰り返す必要はありません。4回目、5回目をやったとしても、点数が上がらなくなってきます。「もともとわかる問題」慣れればわかる問題」がなくなったという状態になったわけで、ここから「解説」が始まるわけです。この段階になってこそ、「スクリプトを見せる」つまり「文字情報との照合」に意味が出てきます。逆に言えば、その段階に至るまでは、文字情報と照合させても意味はありません。日本語で理解しているだけになってしまう危険があるからです。

折れ線グラフは、問題との関係性を見るだけではなく、子どものモチベーションを上げるためにも役立ちます。

何回か聞いているうちに、「あぁ、今度はわかった!」、「複数形で言ってたんだ!」といった発見があり、次第に霧が晴れて視界が広がっていく感覚があります。「できるようになってきた!」という見えない実感が、グラフによって可視化されることで、子どもたちはうれしくなるものです。

また、この「折れ線グラフ3本法」のよいところは「何をやるか。どれだけやるか」が明確になることです。「過去問6回分」がただ机の上にあっても、あまりやる気になりませんよね。「折れ線グラフを3本作る」と作業を具体化することで、全体像を見せ、「終わり」を意識させるとやる気が出てくるものなのです。

Column 3

英語試験導入が続く中学受験の動き

中学校の入学試験に「英語」を試験科目とする学校が多くなってきました。2014年に15校だったのが2018年には112校と7倍近くに急増しています。

こうしたなか、慶應義塾湘南藤沢中等部が、2016年9月に発表したプレスリリースは話題になりました。それによると、2019年度の入試は、定員100名のうち、70名を従来通りの4教科入試で選抜する一方、30名を「国語・算数・英語」の3科目で選抜することとし、その出題レベルを「英検®2級～準1級程度」にするというのです。英検®2級と言えば「大学入試センター程度」の難易度。英語を「たしなみ程度」に学習していれば…という水準ではありません。

慶應のようなハイレベルな中学校ばかりでなく、今後、小学校で英語が教科化されるのに伴い、国立・私立にかかわりなく「英語」を試験科目にする学校が増えてくると思います。

「筆記試験だけ」のところ、「会話だけ」のところ、「英検®の結果」を要求するところと、現状はまだまだ混沌としています。「英語で入試」に挑戦しようとする場合は、アンテナを立て、情報を確認しながら準備を進めてください。

おすすめ英語本ブックガイド

「英語の本を読もう」と言われても、「たとえばどんな…？」となるものです。ここでは、レベル別に、おすすめ本をリストアップしてみました。どの本も、子どもたちから人気のある、そして比較的かんたんに入手できる本です。

- 「5級・4級レベル」では、できるだけ親御さんが一緒に読んであげてください。親御さんご自身の読書感想を語ってあげながら「文字」と「音声」を結びつけていく感覚です。
- 「3級レベル」になるとぐっとレパートリーが広がります。いよいよペーパーバックにチャレンジしていく段階です。おもしろい本がたくさんあります。
- 「準2級・2級レベル」になると「自分で読みたい。ひとりで読むからほっといて」となるでしょう。良書を通して「心が震える、広がる、明るくなる」――そんな体験をしてほしいものです。

5級レベル

『Good Night, Gorilla』By Peggy Rathmann

お客さんも帰った静かな夜の動物園。警備のおじさんが子どもゴリラのおりを通り過ぎたとき、子どもゴリラは、そっと、動物園の鍵を盗みました。おりから出た子どもゴリラは…。最初はドキドキ、でも最後にはやさしい気持ちになってしまう、そんな一冊です。

『I Love My Daddy』by Sebastien Braun

赤ちゃんベアーの、朝起きてから夜寝るまで、とある1日のこと。見つめる先にはお父さん。最初の11ページまで「ボクのお父さんはね…」から始まるのですが、最後のページだけは「ボクね…」。きれいな絵、温かい物語。お父さんにこそ読んでいただきたいです。「最近、感動して泣いてないな」という方は特に。

『An Elephant & Piggie: Can I Play Too?』By Mo Willems

人気の An Elephant & Piggie シリーズ。この巻ではなかよしの2人がキャッチボールをしようとしたところに、ヘビがやってきます。「僕も一緒にやりたいな」。手がないヘビと、さて、どうやったら3人で遊べるでしょうか。

『Biscuit: Biscuit Goes to School』By Alyssa Satin Capucilli（CD付）

茶色のかわいい子犬 Biscuit のシリーズ。繰り返し表現も多く、英語の楽しさを味わいながら読むことができます。この巻では、飼い主の女の子が Biscuit に「学校についてきちゃダメだからね」と。でも Biscuit は待っていられず、こっそりと学校へ出かけます。さぁ、学校に着いた Biscuit はどうなってしまうのでしょう。

4級レベル

『Miss Nelson is Missing』By Harry G.Allard

学校で一番お行事が悪いクラス、それが207番教室です。お話は聞かない、紙飛行機は飛びかう…心のやさしい担任ネルソン先生は困り果てていました。そんなある日Nelson先生が学校に来なくなり、かわりに来たのはスワンプ先生…とても厳しい意地悪先生です。さぁ、207番教室の生徒たちは…？

『Clifford』シリーズ By Norman Bridwell

“世界一有名な赤い犬Clifford”は、大きくて赤くてやさしい犬。世界中の子どもたちに愛され続けているシリーズです。彼が大きくなるまでのお話や飼い主Elizabethとのいろいろな冒険物語が詰まっています。

『Read Listen & Wonder』シリーズ

さまざまな動物の不思議に関する絵本のシリーズ。皇帝ペンギンに関するお話『The Emperor's Egg』(By Martin Jenkins)では、真冬の南極という極寒状態で卵を温め、子育てをする皇帝ペンギンのお父さんとお母さんの奮闘ぶりが描かれています。ほかにもうなぎの産卵や馬のお世話をテーマにしたお話などがあります。

3級レベル

▶冒険もの

『Ricky Ricotta's Mighty Robot』シリーズ By Dav Pilkey

子どもネズミのRickyと、巨大ロボットという意外なコンビが、地球侵略をたくらむ宇宙人と戦います。男の子が喜びそうなストーリーと絵、さらに戦いシーンではパラパラマンガのページもあって面白いです。

▶ミステリー

『Nate the Great』シリーズ By Marjorie Weinman Sharmat（CD付）

初心者向けミステリー（?）。子どもたちが最初に読む「探偵もの」と言えばまずは本シリーズです。9歳の少年探偵Nateは事件解決に大忙し…犬がいなくなる、アイスクリームが盗まれた…などなど。でも、解けない事件はありません。最後は大好物のアレを食べて事件解決。

▶ファンタジー

『Rainbow Magic:Ruby the Red Fairy』
By Daisy Meadows

世界中の女の子が大好きな Rainbow Magic シリーズは、この本から始まります。旅行先でなかよくなった女の子 Rachel と Kristy。2人は妖精の国の王様と女王様に不思議な力で呼び寄せられ「7人の虹色妖精を探してほしい…」と頼まれます。第1巻では「赤色の妖精Ruby」を探しに。さぁ、Ruby はどこにいるでしょう。

準2級レベル

▶冒険もの

『Magic Tree House: Dinosaurs Before Dark』
By Mary Pope Osborne

どこの街でも構いません。アメリカの図書館・児童書コーナーに行くと、まず目に飛び込んでくるのはJackとAnnie兄妹のオブジェのはずです…それくらいの大定番です。第1巻では、森の中にツリーハウスを発見。その中に本がたくさん！ それを指差して「ここに行きたいな」とつぶやくと突然タイムスリップ！ 兄妹の大冒険が始まります。日本語版も出ていますが、挿絵の雰囲気がずいぶん異なります。そんな日米比較も楽しんでみてください。

▶学園もの

『Diary of a Wimpy Kid』シリーズ By Jeff Kinney

邦題『グレッグのダメ日記』。Gregは、どこにでもいる、ごく普通の中学生。そんな彼がどうして日記を書くことにしたのか…彼なりのこだわりがあるようで…。どこまで読み進んでも「感動した！」という部分は出てきません。「面白いなぁ～。アホだなぁ～。え？ 何やってんだよ?!」とゴロ寝しながら笑っちゃう、そんな本です。

▶ミステリー

『The A to Z Mysteries』シリーズ The Absent Author By Ron Roy

有名なミステリー作家が、自分たちの町の書店でサイン会を開いてくれることに。大勢の子どもたちが集まったが、いつまで待っても「彼」は来ない！ 主役の3人組は、たまたま書店に居合わせたおばさんと一緒に「彼」を探すことに…。ついに宿舎で縛られていた男性を発見するが…。最後はまさかのどんでん返し。親御さんもワクワクお楽しみください。

2級レベル

Roald Dahlの作品

「形容詞の魔術師」と呼ばれるRoald Dahl。たくさんの著書から、お気に入りの1冊を見つけてください。有名なのは『Charlie and the Chocolate Factory』と『Matilda』ですが、その他にも、金持ちだけどケチなおじさん3人組を狐がさまざまな方法で出し抜いていく『Fantastic Mr. Fox』。あるいは、恐ろしい魔女たちの陰謀に巻き込まれてしまう少年の物語『The Witches』はお薦めです。

Louis Sacharの作品

彼の代表作『Holes』は有名ですが、これを読まずして「趣味は英語の読書」と言ってはいけません。必読中の必読書です。でも、もしまだ難しいな、と感じたら『Marvin Redpost』からいきましょう。おもしろくて読みやすいシリーズなのですが、うーん、さすがLouis Sachar、それだけでは終わりません。第4巻『Alone in His Teacher's House』で感動しなかった人はいません

『Percy Jackson and the Olympians』シリーズ By Rick Riordan

ハリーポッター級の人気を誇る冒険ファンタジー小説。登場人物は全員ティーンネイジャー、そして「ギリシア神話の神」と「人間」のハーフなのです。舞台は現代ニューヨークと全米ですが、時折顔をのぞかせるギリシア神話の神秘さにゾクゾクとするでしょう。

『The Giver』By Lois Lowry

誰もが平等で、政府が家族も仕事も決めてくれる社会。まるでユートピアのような完璧で理想的に描かれる世界で主人公Jonasは、あることをきっかけにこの世界の真実について知ることになります。記憶と感情の関係、わたしたちには選択肢があるべきだということを強く意識させられる名著です。

CHAPTER 5

「英語教育のパラダイムシフト」を目指して

～早稲田アカデミーの挑戦～

It's in your moments of decision
that your destiny is shaped.
—— Anthony Robbins

あなたの運命が決まるのは、
あなたが心を決めたときなのです。
アンソニー・ロビンズ

本書はここまで、「自宅で、親御さんが、お子さんと一緒にできること」を基本に話を進めてきました。英語学習における基本は、あくまでここまで述べてきた通りです。

一方で、「基本」を超えて、「家ではできないレベル」に英語力を上げていくとき、英語教室にアウトソースし、力を貸してもらったほうが効率がよい場合もあるでしょう。そこでここからは、その一例として早稲田アカデミーの英語教育をご紹介させていただきます。

「一流の教育学者」は、必ずしも「一流の教育者」であるとは限りません。同様に、「一流の英語教育学者」が、「一流の英語の先生」というわけでもありません。

アメリカでの大学院生時代、変わらず思っていたのは、優れた理論、最新の知見など学術的な成果は「本当に生徒たちの役に立つのだろうか」という問いかけでした。世に「英語の学習はこうすればよい」的な本は数多くありますが、それで実際にできるようになるのだろうか、と。

ここからは、そうした思いのうえに、私なりに挑戦したことの記録でもあります。理論と実践の、わたしなりの統合でもあります。

「よし、早稲田アカデミーに入って実践してみよう」と思われれば、もちろんいらしていただきたいと思いますが、「入塾するのは無理だけど、自宅学習だけで今後はどう続けていけばいいか、なかなか未来のイメージがわかなくて…」とご心配なときも、ぜひ、お立ち寄りください。いわば英語学習の「ショーケース」。お帰りのときは、「あぁ、こうすればいいんだな」と、きっと新しい発見と希望をもってお帰りいただけるはずです。

IBS御茶ノ水・国立ラボの英検®合格者数
(2012年度第1回〜2017年度第3回まで)

1級	準1級	2級	準2級	3級	4級	5級
15名	53名	183名	307名	366名	395名	384名

※2012年4月開校の御茶ノ水本館および2014年9月開校の国立ラボを合わせた実績です。

「英語教育のパラダイムシフト」を掲げて

2012年、早稲田アカデミーは「英語教育のパラダイムシフト」を掲げ、挑戦を開始しました。

これまでにない「新しい英語塾」を創ろう!

決別したかったのは、2つの「英語」でした。

1つは、「入試には受かる。しかし、その後は使えない〝英語〟」です。

もちろん「試験に合格する英語力」は必要です。しかし一般的に、試験のための英語力は、いったん試験が終わったら、その後あまり役には立ちません。

相反するように聞こえますが、「お預かりした生徒さんを、必ず入試で合格させる」と思っている私どもだからこそ、逆に「試験が終わった後の英語」のことも真剣に考えました。

2つ目は、「楽しかった。だけど何も残らなかった〝英語〟」です。

「子ども英語」はあくまで「子ども英語」で終わってしまうこの国。「飛んだり、跳ねたり、歌ったり」だけの楽しさは、本当の楽しさと言えるのだろうか…。

この2つの「英語」とは決別し、本物の英語を身に付けさせる…それを夢見ながら挑戦を始めました。ここから早稲田アカデミーが作った、3つの教室をご紹介します。教室の場所も、コンセプトも違いますが、共通しているのは、「ゴールオリエンテッドに〝英語脳〟を開発する」こと。そしてその手段が「英語の多読」であることです。

小学校卒業時点での各教室別達成目標

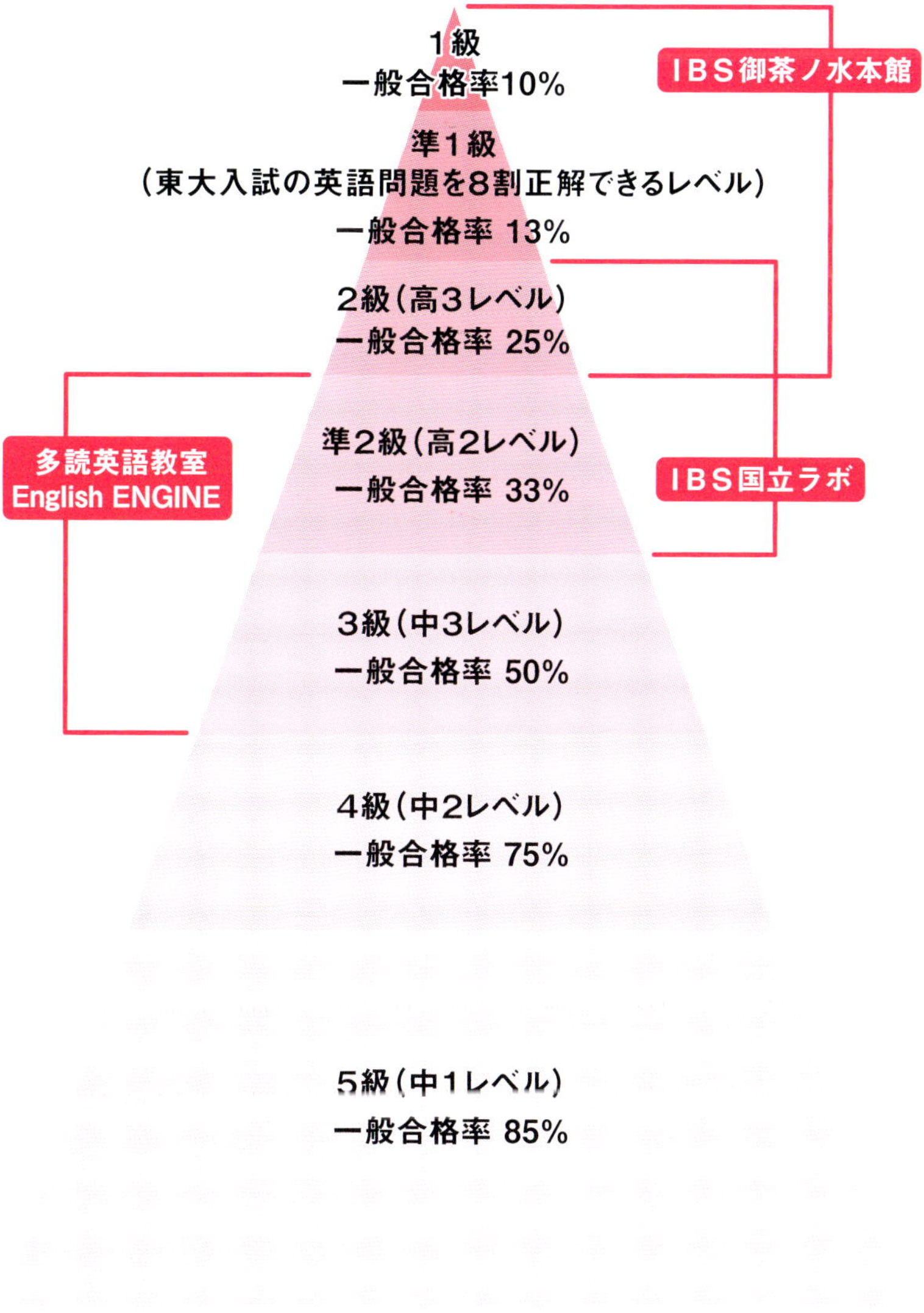

※「早稲田アカデミーIBS」、「IBS 国立ラボ」、「English ENGINE」、いずれも初心者様からご入会頂けますが、学習進度はそれぞれ異なります。詳細は本書112ページ以降をご参照下さい。上記は「小学校卒業時点」での到達目安です。

IBS御茶ノ水本館

「東大・医学部・ハーバードに一番近い小学生たちの英語塾」

2012年に開校したIBSブランドのフラッグシップです。「東大・医学部・ハーバードに一番近い小学生たちの英語塾」をコンセプトにしています。

▼2年間で英検® 2級到達の目標

この教室では、「2年間で英検® 2級到達」が目標です。

ただし「試験」としての英検®にただ合格するだけでは意味がありません。「2級」といえば「大学入試センター試験レベル」と言われますが、英書でいえば"Harry Potter"と同じレベルです。この本は、アメリカやイギリスでは小学5年生が読めるもので、彼らは1年間におよそ100万語の読書をするはずです。

つまり、こうした力、すなわち「小学5年生のアメリカ人・イギリス人と同じレベルの英語力を、日本にいながら、2年間で実現したい。それがたとえ小学1年生、2年生であれ」ということです。

教えている当事者としては、「最年少で合格させる」という意識は全くないのですが、結果的にまだ幼い時代に受かっていく方が多いです。2級なら年中児、準1級なら年長児、そして1級も小学3年生での合格者がいます。この上位3つの級に限っても、累計合格者数は200人以上に及びますが、教室としては「急げ、急げ」とあおるようなことは一切していません。

▼日英両語のネイティブによる英語の授業

IBSの講師は完全なバイリンガルで、日英両語がネイティブです。

子どもたちが目指すのは、「日英両語がきちんとできる状態」です。であれば、「両方ちゃんとできる」状態を見せてあげるべきで、片言の日本語しか話せない英語ネイティブの講師は必要ないと考えています（少なくとも小学生の場合）。

また小学生の教育に関わる場合、講師はご家庭と密に連携する必要があります。「風邪をひいた」、「なかよしの子が引っ越ししてしまってショックだ」、「コンテストで賞をもらった」など、さまざまな子どもをめぐる話題についていかなくてはなりません。お母さんとコミュニケーションをとるにも講師の日本語能力は欠かせません。お父さん、お母さんが安心しているときだけ、お子さんは安心します。安心しているときだけ、自信がついていきます。まずお父さん、お母さんに安心していただくため、小学生の前に立つ講師は「日英両語がどちらもネイティブレベル」である必要があるのです。

▼**充実したライブラリー**

蔵書は現在、一万冊を超えています。ライブラリアンが常駐し、選書のアドバイスにあたるほか、読み聞かせをします。図書の貸し出しも行われています。子どもたちの顔や性格がそれぞれ違うように、読書の好み、進度も違います。ひとりひとりにあった読書活動を提案しています。

こんな子が学んでいます

ケース1 A君（私立中学1年生）

A君は公立小学校出身。小学1年生でIBSに入会、小学3年生で2級を取得しました。小学4年生からは中学受験の勉強に専念しながらも、「英語の読書」は継続。第一志望の開成中学にみごと合格したあとは、本格的な英語学習を再開させ、今は準1級合格を目指しています。

ケース2 B君（プリンストン大学1年生）

B君がIBSに入会したのは高校受験が終わった春。物理学者になる夢をもっての入会でした。はじめ「TopWiN Booster クラス」（次ページ参照）に在籍、その後「ハーバード併願コース」に移籍して「英語脳」を鍛えました。高校3年生のとき、東大と米国プリンストン大学（USニュース&ワールド誌のランキング全米第1位）にダブル合格。東大には1学期のみ在籍し、9月からは、ずっと憧れていたプリンストン大学に進学しました。

IBSが開発したその他のコース

英検® 準1級・1級クラス(小中高生対象):IBS御茶ノ水本館

東大入試の英語の合格ラインは(理科三類を除くと)6割程度です。「準1級に合格すれば、東大入試の英語で8割は取れる」と言われます。このレベルの英語力をつけるのがこのコースの目標です。

TopWiN Boosterクラス(中高生対象):大学受験部 池袋・渋谷・御茶ノ水各校舎

中高一貫校在籍生のためのコースです。中学受験を終えたばかりの小学校6年生の3月からスタートします。英語をABCから習い始め、中学1年生修了時に準2級、中学2年生修了時に準1級合格を目指すという日本のトップレベルのスピードです。授業はオール・イングリッシュ、もちろん英書図書館も完備しています。

高校から入学した1年生は、入会後1年間で準1級を目指します。

東大受験生のためのハーバード併願コース(中高生対象):IBS御茶ノ水本館

「1級取得者」で、かつハーバードなど海外大学進学希望者のためのコースです。「人と同じことを人と同じようにできる」だけでは海外の大学への進学はおぼつきません。そのため「集団」と「個別」を組み合わせた授業形態をとります。早稲田アカデミー英語教育の最高峰です。

IBS国立ラボ
「合格を先取り 世界につながる」

IBS御茶ノ水本館に遅れること2年半、2014年秋、東京都国立市に設置した校舎が「IBS国立ラボ」です。生徒さんをお預かりし、英語力をつけることはもとより、新時代の英語教育を見据えた「ラボ（研究室・実験室）」としての機能をもっています。

たとえば、小中高の学齢に応じたカリキュラム・プログラムの開発、また教授法の研究、そして英語講師の育成方法の研究なども、ここで行われています。

▼英検® 2級合格を見据えたライブラリー

国立ラボでは2級までの講座を用意しています。そのために必要な6000冊を揃えたライブラリーを併設しています。御茶ノ水本館同様、ライブラリアンが常駐し、読み聞かせなどをしてくれるほか、貸出時の選書アドバイスをしています。

▼入会年齢に合わせた2級合格への道のり

小学校低学年でご入会の方は、2年間で3級を、また、小学校4年生から中学生でご入会の方には2年間で準2級から2級合格を目指します。

御茶ノ水本館は、「小さい子たちがものすごいスピードで英語力をつける」色彩が強いですが、国立ラボはそれに加え、圧倒的な合格力を誇ります。たとえば2級の場合、一般的に「高校3年生が受験、合格率25パーセント」程度とされますが、国立ラボ在学の中学生の場合、合格率は8〜9割となります。

こんな子が学んでいます

ケース3 ● Cさん（私立大学付属中学3年生）

Cさんは、小学生のとき早稲田アカデミーで受験勉強をしていました。夢がかない某有名私大付属中学に合格。しかし「日英変換」で勉強させる中学の英語の授業とは相性が悪く、苦手意識をもっていたそうです。中学2年生になって国立ラボに入会。「脱日英変換」、「英語脳」の訓練に挑戦し、半年足らずで準2級を突破、中学3年生のとき、2級に合格しました。

IBS御茶ノ水本館／国立ラボ ギャラリー

IBS御茶ノ水本館のライブラリー。1万冊を超える英書が設置され、子どもたちはリラックスしながら読書を楽しみます。

IBS国立ラボのライブラリー。絵本から英検® 2級レベルの本まであり、きっと読みたい本が見つかります。

IBS御茶ノ水本館の教室。明るさや広さだけでなく椅子にもこだわりがあります。この後ろに保護者が座って一緒に授業を受けます。

IBS国立ラボの教室風景。PCとプロジェクターをつないで授業をします。

多読英語教室 English ENGINE

「多読の力でエンジン点火　君の英語力は世界に向けて加速する」

２０１７年１月、東京都八王子市南大沢に開校したのが早稲田アカデミーの新しい英語塾「多読英語教室 English ENGINE」です。ここでは、ＩＢＳで開発し培ったノウハウを応用し、主に日本語を母語とする講師が日英両語を駆使して授業を行います。

ＩＢＳ同様、「脱日英変換、英語脳の育成」を重視していることは言うまでもありません。そしてその方法は、やはり「授業」と「英書の多読」です。

進学校をしのぐ充実のライブラリー

English ENGINE には３０００冊の英語の本を擁する「多読ライブラリー」があります。東大合格者数が最上位校の一角を例年占める某私立高校の校長先生が、「うちは１４００冊です」とおっしゃっていましたので、その充実ぶりがおわかりいただけるかと思います。

学年にあわせた英検®の目標

小学３年生までは、２年間で３級を目指すコースが用意されています（Elementary コース）。Elementary コースの生徒は、中学受験を目指す方が多くいますので、本格的な中学受験勉強が始まる前に、正しいフォームで英語力を身に付けてもらうことを目的にしています。フォニックスの徹底からはじめ、2年間で「中学卒業」レベルの英語力が身に付きます。

いっぽう、小学校4年生から中学生の場合、2年間で準2級を目指します（Upper コース）。こちらのコースの場合、「高校受験」が待ち構えているため、その準備が本格化する前に、「高校中級」レベルを身に付けていただき、それをもとに「受験英語」に調整していきます。これこそが当塾の「勝ちパターン」と言えます。

2017年1月に開校したばかりですが、同年11月の時点で、英検®には80名が合格しています（合格率は約90％）。

2018年3月現在、English ENGINE は、南大沢のみですが、今後拡大していく予定です。もしかしたら、読者の皆さまの地域にも、新しい English ENGINE ができるかもしれません。

こんな子が学んでいます

ケース4 ● Dさん（中学受験を目指す小学1年生）

ちょっとおとなしいDさんは、小学1年生のお嬢さん。緊張しながら体験授業に参加してくれました。「英語の本を読んでみたい」という思いから入塾を決意、最初の英検®では5級に堂々の成績で合格。「Oxford Reading Tree」が大好きで、「早く続きが読みたい」と授業がない日もお母さんと一緒にライブラリーに来ています。中学受験をする予定なので、小学3年生で3級合格が目標です。

English ENGINE ギャラリー

入口から見た写真。明るくて温かい雰囲気で、ソファーやラグに座ってくつろぎながら本を読めるよう設計されています。

ライブラリーのソファーで、真剣に本を読んでいます

本の貸し出しも行っています。また、コンピュータでの管理を通じてひとりひとりの本の選び方や読書量をチェックしています。

授業の一風景。先生の説明に子どもたちも興味津々。説明を聞いたら音読開始。子どもたちの明るい声が響き渡ります。

おわりに

二十代の頃、早稲田アカデミーの講師をしながら、こんなことを思っていました。

「塾で教える英語は、確かに入試には役立つけど、入試が終わるとまったく役に立たないな…。〝入試で勝てる英語〟と〝世の中で使える英語〟、両方できるようになるには、どうしたらいいんだろう…」。

その後、16年間にわたった在米研究生活ですが、その結論は、リテラシーの重要性、端的に言えば、「ちゃんと本が読める子は、聞けるし、書けるし、話せるんだ」という信念でした。

それを証明したくてアメリカから帰り、英語塾を創りました。


教え子に、このような生徒さんがいます。

――幼稚園時代の英語教育は「お遊び程度」。しかし小学1年生から英語の絵本を読み（眺め）始め、特に強制されず、ただただ英語の絵本を読むように。いわゆる「英語塾」「英会話教室」にも行くことなしに、とにかく英語の絵本に親しむだけ。そうこうしているうちに、いつの間にか中学受験の戦いに突入していきながらも、英語の本は読み続けていました。

中学受験が終わったので「試しに」と英検®を受けてみた中学1年生の春、「2級」に一発合格（!）。続く秋、「準1級」にも一発合格（!）、そして冬、「1級」にも一発合格（!）。この子の「英検®人生」は半年で終わってしまいました。

こうした例はこの子に限りません。

ひるがえって、この国の英語教育史を見てみると、なかなか局面を打開できずにいます。いえ、確かにわたしたちは一生懸命やってきました、いつの時代も。生徒として、親として。いい教材と聞けば必死に入手し、いい塾があると聞けば遠くてもなんとか通ってみて…。先生方も一生懸命議論されていらっしゃったと思います。「文法中心の授業」がけしからん、となれば、英会話読本のような教科書を作り、「負担が多すぎるからダメなんだ」となれば教科書を薄くして…。

しかしどうでしょう。最初の東京オリンピックで、「さぁ英語が大変だ。大変だ」と言われながら、50有余年、何がどれだけ変わったのでしょう。こと英語教育に関しては「失われた半世紀」と言ってもいいかもしれません。

今のはやりは「4技能」ですが、わたしはあまり評価していません。というのも、もしこれが従来通り「日英変換しながらの学習」なのであれば、打開策になるどころか、問われる項目が増えることで、かえって「英語は嫌い」と思う生徒さんが今よりずっと多くなると思うからです。

日本の英語教育に一番欠けているのは「読む」という作業、そして「思いっきり英語の本が読める環境」です。

では、どうすればいいのか。

いたずらに英会話教室に通わせたり、むやみに英検®を受けさせたり、入試制度を批判することではありません。

そうではなく、今われわれの前にいる、わが子に、英語の本を読み聞かせること、そして、英語の本を読む「よろこび」と「感動」を伝えていくことにあります。

わたしたちにできる、そうした一見ささやかな営みから…いえ、その営みがあるからこそ…、お子さまの未来の扉は、感動的なまでに開かれていくはずです。そして、この国の英語教育問題は、やがて解消し、こんな会話が聞かれるようになるでしょう。

「日本人が〝英語ができない時代〟って、あったんだ⁉」

「そうよ。だから昔、お父さんもお母さんも、英語できなくて大変だったんだから」

（この子が小さいとき、そういえば…、のどをからしながら、毎日、毎日、英語の本を読んであげたっけな…）。そんなことを思い出しながら、輝く存在となられたお子さまを仰ぎ見られてください。

最後に、アインシュタイン博士の言葉、２つをご紹介し、本書を締めくくらせていただきます。

〝If you want your children to be intelligent, read them fairy tales.
If you want them to be more intelligent, read them more fairy tales.〟
もし、わが子を賢くしたいなら、物語を読んであげるといいでしょう。
もしも、もっと賢くしたいのなら、もっとたくさん、読んであげるのです。

〝The value of a man should be seen in what he gives and not in what he is able to receive.〟

人間の価値は、その人が得られたものでは測れない。
その人が与えたものでこそ測るのだ。

2018年3月

松井義明

松井義明（まつい・よしあき）

早稲田アカデミー教務顧問／IBS主宰
1967年、東京・赤坂生まれ。早大在学中より草創期の早稲田アカデミーの教壇に立ち、創業社長より「偏差値のマジシャン」と評される。日本一の高校入試合格実績を誇る「必勝クラス」の基盤を作るなど塾講師としての経験と実績を積み重ねるも「今のやり方」に疑問と限界を感じ渡米。コロンビア大学、ハーバード大学の両大学院に進学・修了。16年の在米研究期間中、訪れた大学は100を超える。現在、株式会社早稲田アカデミー教務顧問、「早稲田アカデミーIBS」、「多読英語教室早稲田アカデミーEnglish ENGINE」などを開発・監修。一女の父。娘は年長で英検® 2級、小4で1級取得。

早稲田アカデミーIBS　http://www.waseda-ac.co.jp/ibs/

楽しい「子ども英語」はなぜ身に付かないの？

2018年5月22日　第1刷発行

著　　者　早稲田アカデミー／松井義明
発 行 者　長谷川　均
発 行 所　株式会社ポプラ社
〒160-8565　東京都新宿区大京町22-1
電　話　03-3357-2212（営業）　03-3357-2305（編集）

一般書事業局ホームページ　www.webasta.jp

印刷・製本　共同印刷株式会社

N.D.C.370/126p/21cm　ISBN978-4-591-15914-9